北京中央民族大学教育基金会资助出版

Minzu Diqu Zhongxue

Shuangshi Ketang Yanjiu

民族地区中学双师课堂研究

钟志勇◎著

中央民族大学出版社
China Minzu University Press

图书在版编目（CIP）数据

民族地区中学双师课堂研究 / 钟志勇著．—北京：中央民族大学出版社，2023.4

ISBN 978-7-5660-2182-3

Ⅰ.①民…　Ⅱ.①钟…　Ⅲ.①民族地区—课堂教学—教学研究—中学　Ⅳ.①G632.421

中国国家版本馆 CIP 数据核字（2023）第 007259 号

民族地区中学双师课堂研究

著　　者　钟志勇
责任编辑　买买提江·艾山
封面设计　舒刚卫
出版发行　中央民族大学出版社
　　　　　北京市海淀区中关村南大街 27 号　　邮编：100081
　　　　　电话：（010）68472815（发行部）　传真：（010）68933757（发行部）
　　　　　　　　（010）68932218（总编室）　　　　（010）68932447（办公室）
经 销 者　全国各地新华书店
印 刷 厂　北京鑫宇图源印刷科技有限公司
开　　本　787×1092　1/16　印张：15.5
字　　数　260 千字
版　　次　2023 年 4 月第 1 版　2023 年 4 月第 1 次印刷
书　　号　ISBN 978-7-5660-2182-3
定　　价　80.00 元

目　录

第一章　民族地区基础教育高质量发展

自 2018 年全国教育大会以来，党中央、国务院制定了一系列关于基础教育改革发展的新政策，从推动学前教育普惠发展，全面提高义务教育质量、推动高中育人方式改革，到改革教育评价制度、激发中小学办学活力、减轻学生课外负担、加强和改进思想政治教育，涉及的改革范围之广、层次之深、力度之大前所未有。党的十九届五中全会通过的《中共中央关于制定国民经济和社会发展第十四个五年规划和二〇三五年远景目标的建议》，明确了“建设高质量教育体系”的政策导向和重点要求，“十四五”时期基础教育的布局基本形成。党的二十大报告强调：“坚持以人民为中心发展教育，加快建设高质量教育体系，发展素质教育，促进教育公平。”[①] 新时期，基础教育如何实现高质量发展，需要完成哪些重点任务，推动哪些重点工作，实现哪些主要目标，是基础教育工作目前面临的重中之重。2021 年，习近平总书记在庆祝中国共产党成立 100 周年大会上宣告，“我们实现了第一个百年奋斗目标，在中华大地上全面建成了小康

① 资料来源：新华网 http：//www.news.cn/politics/cpc20/2022-10/25/c_1129079429.htm

社会，历史性地解决了绝对贫困问题，正在意气风发向着全面建成社会主义现代化强国的第二个百年奋斗目标迈进。”① 全面建成小康社会后，我国已经建立相对完善的国民教育体系，基本形成终身教育体系，全民受教育程度提高明显，教育发展总体水平进入世界中上行列，加快高质量教育体系建设面临新挑战、新任务。民族地区教育高质量发展事关国家安全和民族团结，以及第二个百年奋斗目标和中华民族伟大复兴的实现。在中华民族伟大复兴战略全局与世界百年未有之大变局相互交织的背景下，民族地区逐渐进入不仅要参与发展，更要创造、创生发展资源的教育内生发展阶段，多元、优质、公平的高质量发展诉求成为民族地区教育发展的时代使命。新时期，民族地区教育必须以高质量发展为主题，因时而进、因势而新、因地制宜，谋划和明确新阶段奋进的主攻方向和着力点，努力提高民族地区教育质量和水平。民族地区积极响应贯彻党关于全面建设社会主义现代化国家新征程与新时代民族工作的系列重大决策部署，做好新形势下的民族教育工作，加快建设高质量教育体系，是积极应对中国式现代化战略需求、深入推进中国式现代化战略擘画的关键举措。

---

① 资料来源：新华社 http：//www.xinhuanet.com/mrdx/2021-07/02/c_1310039172.htm

第一节　民族地区基础教育高质量发展的内涵

教育质量是众多学者经常讨论的话题，但其内涵的表述却并没有形成共识。《教育大辞典》将教育质量解释为“对教育水平高低和效果优劣的评价，最终体现在培养对象的质量上，衡量标准是教育目的和各级各类学校的培养目标。Green 将教育质量分为五个方面：一是优质的教育服务水平和能力；二是标准化、科学性的教育评价标准；三是教育全过程的高质量；四是与教育目标具有较大的适切性；五是适应社会经济发展和人的发展需求①。教育高质量发展是新时期教育所面临的新要求，也是新时代教育发展的核心议题。作为全体学生的国民素质教育，基础教育高质量发展对整个教育事业以及教育强国战略目标的实现有着不可替代的作用。唐永富等认为基础教育高质量发展要以是否有利于满足人民日益增长的美好生活需要为根本标准，判断是否是高质量发展，要通过识别教育发展中突出的不平衡、不充分发展问题来界定。这就决定了教育高质量发展的内涵要从教育方向、事业发展、教育治理、学校发展、教师发展、学生发展及社会发展等进行高度概括和精准把握②。师欢欢等认为教育高质量发展目标的实现离不开学校内涵建设，而学校内涵发展更为注重学校本身的内生动

---

① GREEN D. What is quality in higher education? concepts, policy and practice[M]. Burkingham: SRHE & Open University Press, 1994: 3-20.

② 唐永富，舒玉兰.新时代基础教育高质量发展的内涵[J].教育科学论坛，2022，No.566（08）：3-5.

力，是一种以提高教育质量为追求的发展方式。[①] 丁亚东等认为教育高质量发展具有如下特征：一是教育高质量发展的议题更加丰富和细化；二是人的全面发展成为教育高质量发展的核心议题；三是教育创新成为教育高质量发展的新动力；四是教育高质量发展更加注重协同，实现以效率为导向的教育规模和以均衡发展为导向的教育公平的联动发展；五是教育结构的持续优化不断促进教育高质量发展的提升与完善等。[②] 辛涛认为高质量基础教育并非只是在发展结果上对于当前教育的继续与超越，更是在发展目标、发展方式和发展动力方面提出的新要求，而评价改革又是构建高质量基础教育体系的重要保障。吴晓蓉等在综合考虑高质量发展的时代特征，以及教育高质量发展理论与现实诉求的基础上，从系统均衡观、质量管理观和民生改善观三个维度，阐释了教育高质量发展内涵。[③] 石中英提出“教育高质量发展”不是一个静态的描述性词语，而是一个动态的任务性词语，为新时代教育发展提出了规定性要求。教育高质量发展不仅在发展阶段上区别于以往的教育发展阶段，而且在教育发展模式和教育质量观上也有别于以往的教育发展模式和质量观，是以往教育发展阶段、模式及质量观的升级或跃升[④]。高书国强调建设高质量教育体系是“十四五”乃至更长一个时期中国教育发展的顶层设计，是中国教育进入整体现代化阶段新的战略任务和历史命题，同时高质量教育体系具有更加先进的制度体

① 师欢欢，后慧宏.义务教育高质量发展的学校内涵建设向度[J].当代教育论坛，2022，No.310（04）：47-54.

② 丁亚东，孟敬尧.我国教育高质量发展的内涵演变、特征与展望[J].宁波大学学报（教育科学版），2022，44（05）：40-47.

③ 吴晓蓉，胡甜.教育高质量发展：内涵、标准及实践[J].教育与经济，2022，38（02）：28-34.

④ 石中英.教育高质量发展的政策内涵和实践路径[J].人民教育，2022，No.882（23）：24-28.

系、更加完善的结构体系、更富质量的育人体系和更加现代的治理体系四大支柱[①]。长期以来，受利于国家政策支持、教育对口支援和地方主观能动性的发挥，民族地区教育“跨越式”发展成效显著，民族地区基础教育已由普及化和均衡化的外延式发展逐步转向高质量发展的新阶段。民族地区基础教育高质量发展包涵了教育的各个方面的内涵式发展，总体而言，新时期，民族地区基础教育高质量发展更加注重教育的可持续、多元化以及适应性。

一、民族地区基础教育的可持续发展

民族地区基础教育的可持续发展不仅是促进民族团结进步、民族地区经济和社会发展的需要，也是实现全国经济和社会发展的必然要求。民族地区基础教育可持续发展是指在普及和均衡的基础上，注重长期发展和持续改进，以满足对未来社会和教育发展的需求。可持续发展是现代社会的一个重要理念，对于民族地区基础教育的发展也有着重要的指导意义。

首先，民族地区基础教育可持续发展要注重统筹安排和长期规划。民族地区基础教育事业是一项系统性工程，需要用系统的思维做好制度的设计和教育资源的宏观调配等。同时，民族地区基础教育可持续发展还需要对教育目标、教育内容、教育质量等各方面进行长期的规划，只有进行全面的规划和安排，才能够确保民族地区基础教育的长远发展。此外，持续改进必不可少，在不断变化的社会和教育环境中，民族地区基础教育需要不断更新教育理念和教育方式，以适应未来的社会和教育发展需求。其

① 高书国.高质量教育体系的时代内涵与实践策略　基于系统理论的战略分析[J].中国教育学刊，2022（01）：48-53.

次，民族地区基础教育的可持续发展要注重资源的节约和技术的创新。民族地区作为一个特殊的地域和文化群体，其教育资源存在着一定的不平衡性和短缺性。因此，民族地区基础教育在可持续发展中，需对教育投入、资源共享、优化利用、教育设备的节能环保等方面进行合理的规划和安排，注重资源的节约和合理利用，以保障教育的持续发展和改善。再次，相关教育技术的改革和创新对于民族地区基础教育可持续发展至关重要，民族地区基础教育信息化发展可以促进教育公平，而信息化发展的主要内容之一就是技术的创新，其中包括了网络平台的搭建、教学软件的使用，网上资源共享等内容。只有在资源的合理使用和技术创新两方面下足功夫，才能够促进民族地区基础教育的可持续发展的质量和效率。最后，民族地区基础教育可持续发展要注重培养适应未来社会和教育发展的人才。未来社会的竞争说到底是人才的竞争，民族地区基础教育的主要任务则是为国家人才的培养打下坚实的基础，尤其是为培养具备民族知识和民族地区管理能力的人才做好充足准备。而适应未来社会和教育发展的人才需要具备多方面的能力和素质，例如语言能力、创新精神、文化素养、综合素质等。

二、民族地区基础教育的多元化发展

民族地区基础教育的多元化发展要求在满足不同学生需求的前提下，采取多种不同的教育内容、教育手段和教育模式，以提高教育教学的实效性。对于民族地区来说，由于地域、文化、经济等因素的影响，其教育资源和教育发展水平相对滞后，而多元化的基础教育发展是实现民族地区基础教育高质量发展的重要手段。在多元化的背景下，民族地区基础教育需要实现多种教育方式的有效整合，注重学生的全面发展，提升学生的素质和能力，注重民族地区特有的历史文化传统和人才培养需求，加强教育资源和师资队伍的建设，以此来实现民族地区基础教育的高质量发展。

在教育内容方面，应当兼顾基础知识和技能的教育，以适应当代社会的发展需求，这也就要求制定适合民族地区的课程体系，并不断将其落实到教育教学实践中。此外，民族地区基础教育要注重传承和发扬中华民族传统文化以及继承本地区文化，让学生对当地的文化有更深刻的了解和认知，增强其对文化的自信和认同，铸牢中华民族共同体意识，厚植爱国主义精神。在教育手段方面，既要包括传统的教学法，还要利用现代的信息技术手段以及体验式教学、实践教学等，以满足不同学生的需求。特别是在信息技术的应用方面，应该充分利用信息化手段，实现教育教学的数字化、网络化、智能化，提高教育的效率和质量，同时还可以解决民族地区师资力量不足、教育资源短缺等问题。在教育体制方面，多元化的基础教育发展需要创新教育管理机制，加强师资队伍建设，提高教师教育教学水平，不断完善教师评价机制，推动教育教学的有效实施。在社会支持方面，则需要社会各界的广泛支持和参与，政府、企业、社会组织等应当提供相应的资源和支持，共同推进民族地区基础教育的多元化发展。另外，民族地区基础教育多元化发展还应当因地制宜，切实将本地区特色与文化元素融入到教育内容和教育方法中，激发学生对本土文化的兴趣和热爱，使得学生能够更好地保护和传承本土文化遗产，同时也能够更好地融入到多元文化的社会中去。此外，民族地区基础教育多元化发展也需要具备多元化的教育资源和师资力量。一方面加大教育投入力度，通过多种方式吸引和培养优秀的教育人才，加强师资队伍建设。另一方面加强教育资源的整合和优化，通过多种途径为民族地区的基础教育提供更加丰富的教育资源以及更好的教育环境和条件，例如加强网络教育、远程教育和数字教育等教育手段的建设，提高基础教育的质量和效率。

三、民族地区基础教育的适应性发展

民族地区基础教育的适应性发展强调基础教育在满足国家教育政策、社会发展需求的同时，充分考虑地域、民族、人文等因素，提供更加适宜当地学生特点和发展需求的教育服务，促进学生的全面发展。由于民族地区的文化、地理、经济、社会和历史等方面的差异，民族地区的基础教育必须根据不同地区特点来进行适当的调整和改进，在保持教育的基本要求和标准的基础上，要更好地满足当地学生的特殊需求和发展需要。

首先，建立适合民族地区特点的课程体系和教育模式。不同民族地区有着不同的历史、文化和传统，需要有相应的教育内容和教学方法来体现这些差异。在课程设置和教学方法上，应当充分考虑学生的特点和需求，为学生提供更加实用和生动的教育内容和教学方式，培养学生的实践能力和创新精神。当前，民族地区基础教育的课程设置和内容仍然存在不少问题，比如课程体系不够完善，课程内容与学生实际需求不符等。因此，需要进一步优化课程设置，加强与实际需求的对接，提高课程的适应性和实用性，确保学生能够在课程学习中获得实际的知识和技能。此外，还需要充分发挥民族地区的资源和特色，促进教育与地方经济社会发展的紧密结合，例如，利用当地资源进行实践教学、校企合作等，提升学生的实践能力和就业竞争力。其次，开展具有针对性的教育教学改革，促进民族地区基础教育的适应性发展。针对不同地区的差异性和多样性，需要采取多种形式的教育改革措施。一方面，应该充分发挥教育教学科研机构的作用，建立一批适合民族地区的教育课程和教材体系，推广创新型、多元化的教学模式，完善教育评价体系，提高教育质量和水平。另一方面，应该加强教师队伍建设，加强教师培训和教师资格认证，提高教师的素质和能力。民族地区教师队伍相对薄弱，很多教师缺乏专业知识和教学经验。因此，要加强教师培训，提高教师的专业素质和教学能力，培养一支适应性强、素质高、业务精通的教师队伍，为民族地区基础教育的适应性发展提供有力的保障。最后，民族地区基础教育适应性发展还应关注家庭和社会的作用。应当加强家庭教育的指导，提高家长的教育素质和能力，营造良好的家庭教育氛围。还要营造良好的社会教育环境，发挥社会组织、社区组织、志愿者等力量，提供多样化的社会教育资源，同时帮助学生发展自己的兴趣和特长，增强学生的创新意识和实践能力。

第二节　民族地区基础教育高质量发展的价值向度

国家要强盛，关键在人才，根子在教育，重中之重则是基础教育，基础教育在国民教育体系中具有基础和先导地位。习近平总书记曾指出："基础教育是提高民族素质的奠基工程"①。它不仅是个人发展与终身学习的起点，更是社会进步、民族富强的重要基石。目前，我国基础教育普及程度已达到或超过中高收入国家平均水平，其主要矛盾已从"有学上"转向"上好学"，全面提高质量和建设高质量基础教育体系已成为中国教育

① 资料来源：光明网 https：//m.gmw.cn/baijia/2021-08/11/35070579.html

的战略性任务。因此，要建设中国特色高质量教育体系，首先要建设好高质量基础教育体系，实现学前教育的普惠规范发展、义务教育的优质均衡发展和高中教育的特色多样发展。这样一个系统完备的高质量基础教育体系是扎根中国的，也是面向世界的，它致力于追求更加普惠、更加公平、更高质量、更有智慧、更为开放、更高治理水平的教育发展新格局①。

从学术层面来看，柳海民等强调基础教育高质量发展具有更公平、更均衡、更协调、更全面、更创新、更优质、更可持续以及更安全发展的丰富内涵，基础教育高质量发展的时代转换意味着，从当下惠及长远，树立更加优质、可持续的发展理念；从部分推及整体，坚持更加公平、全面的价值遵循②。此外，他还从义务教育阶段优质均衡的视角出发，提出了从基本均衡到优质均衡是义务教育高质量发展的必然升维③。倪娟强调加快推进基础教育高质量建设，构筑高质量发展战略，以教育现代化支撑国家现代化，这对于实现社会主义现代化强国建设具有重要战略意义④。吴晓蓉提出教育高质量发展的价值标准，是价值主体对教育质量评价特定的价值取向，是教育发展理念、实践与改革的方向目标，体现教育培养人的价值立场⑤。管培俊强调建设高质量教育体系是新发展理念的集中体现，认为建设高质量教育体系是形成新发展格局的迫切需要、是创新驱动

---

① 郅庭瑾.基础教育高质量发展关键在于治理秩序与活力[J].上海教育科研，2022（08）：1.

② 柳海民，邹红军.高质量：中国基础教育发展路向的时代转换[J].教育研究，2021，42（04）：11-24.

③ 柳海民，林丹.优质均衡：加快义务教育高质量发展[J].人民教育，2022（21）：38-40.

④ 倪娟.基础教育高质量发展战略研究[J].上海教育科研，2022，No.422（07）：5-11.

⑤ 吴晓蓉，胡甜.教育高质量发展：内涵、标准及实践[J].教育与经济，2022，38（02）：28-34.

发展战略的需要、是创新驱动发展战略的需要等[①]。朱德全等着眼于农村教育，强调农村教育高质量发展承载着服务乡村振兴战略，助推农业农村现代化；推进农村教育现代化，助力教育强国建设；扩大内需，拉动国民经济增长；推进以人为核心的新型城镇化，助推城乡融合发展等多重价值等[②]。王澍强调教育发展的需求变化是教育高质量发展的重要推动力量，国家发展战略、人的教育需求等外部力量和教育自身变革的内生动力共同推动着教育发展[③]。民族地区基础教育是国家实现教育高质量发展的重要组成部分[④]。提高民族地区基础教育质量是“十四五”期间促成国家教育高质量发展的重要内容，也是民族地区社会发展的重要基础。在此意义上，民族地区基础教育高质量发展有其独特的价值与意义。

一、回归教育育人本质

教育的本质是育人，立德树人是学校教育的根本任务，也是民族地区基础教育高质量发展的根本目标。“十四五”规划提出建设高质量教育体系，要求全面贯彻党的教育方针，坚持优先发展教育事业，坚持立德树人，培养德智体美劳全面发展的社会主义建设者和接班人。因此，回归教育育人本质是民族地区基础教育高质量发展的核心价值所在。

---

① 管培俊.建设高质量教育体系是教育强国的奠基工程[J].教育研究，2021，42（03）：12–15.

② 朱德全，石献记.新时代农村教育高质量发展的价值理性[J].民族教育研究，2022，33（02）：5–15.

③ 王澍.抓两头带中间：中国教育高质量发展的动力机制[J].东北师大学报（哲学社会科学版），2020（06）：105–112.

④ 谭天美.生态学视角下民族地区基础教育发展的问题与对策研究　以广西12个民族自治县为例[J].民族教育研究，2021，32（03）：87–93.

首先，回归育人本质是新时期民族地区基础教育高质量发展的现实要求，是落实立德树人根本任务的重要手段。立德树人是对教育教学过程中所有问题最根本的回答，涉及学校的规章制度、教师的教育教学以及学生培养等关键性问题，是学校最根本的思想基础，也是相应工作开展和进行的价值导向。民族地区基础教育既为国家的发展培养相关人才，也为民族地区自身发展提供储备人才。换言之，民族地区基础教育最重要的现实目标，就是为国家以及民族地区团结和发展需要的人才提供教育基础。因此，民族地区基础教育回归育人本质要求教育不仅仅是对知识和技能的学习，而是更加注重学生的人格发展以及道德素养的培育等。从个人发展来看，回归育人本质要求注重培养学生的道德素养和人文精神，德育不仅仅是在课堂上灌输道德观念，更应该贯穿于学生的日常生活和教育活动中，通过组织各种形式的德育活动，增强学生的道德自觉和责任感，培养学生健康的人格和正确的价值观，让他们在成长过程中具备优良的道德品质和文化素养。从社会层面来看，教育回归育人本质注重培养学生的社会责任感。在现代社会中，社会责任感是每个公民都应该具备的一种素质，教育回归育人本质则强调教育的目的是培养学生成为有责任感的公民，通过教育让学生感受到社会责任的重要性，并引导学生积极参与社会实践活动，提高学生的社会责任感，使其在未来成为对社会有贡献的人才。从国家发展层面来看，民族地区基础教育回归育人本质有助于提高学生的文化素质和综合素质，增强他们的自我认同和自豪感，对推进民族地区文化、经济、社会协调发展也有着促进作用。这不仅有利于民族地区自身的稳定发展，也有助于推动中国式现代化建设和全面建设社会主义现代化国家的战略目标的实现。

二、促进学生全面发展

学生全面发展既是我国人才培养教育政策的内在规定，又是儿童身心发展的基本规律，促进学生全面发展是民族地区基础教育高质量发展的出发点和落脚点，也是基础教育发展的基本原则。学生的全面发展不仅仅帮助学生掌握知识和技能，更重要的是提高学生的综合素质、自主学习能力、身心健康和人文素质，从而培养高素质的民族人才，为经济社会的发展提供强有力的人才支撑。

一方面，学生全面发展是民族地区基础教育高质量发展的价值旨归。在基础教育高质量发展过程中，始终面临着育人的问题，如何保障学生全面健康发展，从哪些方面促进学生全面发展，这些是我们教育教学过程中无法避免且不得不回答的问题。但是，现实的问题在于如何扭转异化的教育价值理念，包括学校顶层设计以及教师和家长的思想观念，这些“唯分数论”“应试教育”“唯升学”等问题由来已久，涉及教育的各个层面，因此解决这些问题需要进行全面系统的改革，面对如此困境，我们更需明确学生全面发展的内涵。中小学生处于人生的关键期，同时具有极大的主观能动性和可塑性，而教育不仅使学生获取相关知识和能力，为学生以后在社会上发展提供坚实基础，而且能让学生认识所处的这个世界，懂得生命的价值和意义所在。更为重要的是，教育能够让学生认识自我，使其精神自由。因此，学校教育必须以学生发展为核心，培养学生必备的思想品德、文化素养、身心健康、艺术素养、劳动实践、创新精神等。另一方面，培养学生德智体美劳全面发展是民族地区基础教育高质量发展的基本要求。促进学生全面健康发展是时代赋予我们的教育使命，也是通往教育王国的必经之路。从世界的经验来看，教育改革和育人质量提升是教育治理之路上无法回避的任务。实现民族地区基础教育高质量发展必须充分发挥学校内部优势，以学生全面发展为基础，将深化教育教学改革落实到位，全面、科学、有效地提升育人质量，从而促进教育内涵式发展。

三、推动教育优质均衡

“优质均衡”的“均衡”是指优质性的均衡、卓越中的均衡，是一种整体性的高质量发展状态和结构上的高位均衡与优化[①]。民族地区基础教育的优质均衡则强调各族学生享有平等的受教育权利，教育资源得到合理配置和充分利用，基础教育教学质量和水平得到有效提升，不同民族之间、不同地区之间的教育发展实现高水平均衡。因此，民族地区基础教育优质均衡要求在满足全体学生受教育的基本权利的前提下，通过各种措施，实现教育资源的优质配置和服务的均衡普及，让每一位学生都能够得到公平、优质的教育。

一方面，推动教育优质均衡是民族地区基础教育高质量发展的重要保障。民族地区基础教育的优质均衡可以使教育资源的配置更加公平、有效，避免了资源的浪费和重复配置，通过完善学校布局、加强学校管理、提高教师素质等措施，可以实现教育资源的合理配置，让每一个学生都能够享受优质的教育资源，提高教育的公平性和效率性。此外，民族地区基础教育的优质均衡可以通过推动教育教学改革的深化来提高教育的质量和水平。教育教学改革是推动教育高质量发展的重要途径，只有通过不断创新和改革，才能够适应时代的发展和满足学生的需求，提高教育的实效性

① 柳海民，林丹.优质均衡：加快义务教育高质量发展[J].人民教育，2022（21）：38-40.

和实践性。另一方面，推动教育的优质均衡是实现民族地区基础教育高质量发展的必要条件之一。一个地区的教育高质量发展不仅仅是指该地区的少数名校拥有高水平的师资力量和教育资源，而应该是指每一所学校、每一个学生都能够享受到高质量的教育资源和教育服务。只有在全区域范围内实现教育优质均衡，才能够真正实现基础教育的高质量发展。另外，民族地区基础教育的优质均衡也是民族团结和社会和谐的重要保障。我国是一个多民族国家，在民族地区开展基础教育工作时，必须注重各地区的特点和需求，推进各民族之间的交流和融合，只有实现教育优质均衡，让每一个学生都能够享受到教育资源和教育服务，才能够减少民族地区间的教育差距，促进各民族之间的平等发展与团结和谐。

第三节　民族地区基础教育高质量发展面临的挑战

党的十八大以来，以习近平同志为核心的党中央高度重视教育发展问题，坚持把基础教育摆在基础性、先导性和全局性战略地位，围绕基础教育领域作出了一系列重大决策部署，为我国基础教育改革发展注入了强大动力，也为基础教育高质量发展提供了坚实保障，推动基础教育创新发展方面取得了突出成就。习近平总书记在建党100周年大会上明确宣告，“经过全党全国各族人民持续奋斗，我们实现了第一个百年奋斗目标，在中华大地上全面建成了小康社会，历史性地解决了绝对贫困问题”[①]。由

① 资料来源：光明网https：//m.gmw.cn/baijia/2021-07/15/34997423.html

此，我国全面进入小康阶段，而全面建成小康社会的“收官”之年，基础教育改革任务全面完成。在党的坚强领导下，伴随着国家教育改革和教育治理体系的不断推进，我国基础教育办学水平和质量不断提高，教育管理规范性日益增强，人民的教育获得感和幸福感进一步增强，基础教育的公平、质量和效益也进一步得到保障和提升。民族地区高质量教育体系的建设是全面进入小康社会教育改革的主动选择，也是适应我国教育主要矛盾变化的必然要求。然而，民族地区基础教育高质量发展中也逐渐凸显出一些问题，例如评价体系的功利化倾向、家校社协同育人机制不健全、学校发展质量不均衡、高质量教师队伍建设不足等。这在一定程度上影响了民族地区基础教育发展的进程和水平，对我国教育综合改革和提升基础教育治理体系建设带来深刻影响。为促进民族地区基础教育高质量发展，以及提升基础教育服务国家和社会经济建设的功能，必须重视和解决我国基础教育高质量发展中的突出问题。

一、评价指标体系不完善

随着教育发展的进程，评价指标体系越来越成为教育改革的关键，民族地区基础教育评价指标体系的不完善已经成为民族地区基础教育高质量发展中一项重要的问题。尽管政府以及相关教育部门多次强调要坚决克服单纯以考试成绩或升学率评价学校办学质量的倾向，不给年级、班级、教师下达升学指标，不将升学率与教师评优评先及职称晋升挂钩，不公布、不宣传、不炒作高考“状元”和升学率，要切实发挥教育的科学评价功能这一要求[①]，但民族地区在教育政策执行过程中依旧存在诸多困难。

其一，缺乏关注学生成长的评价指标。在当前民族地区基础教育评价指标体系中，大多数指标聚焦于学生在各个学科知识方面的掌握程度、学习成绩等学科成果性指标。这种评价方式往往会导致只注重对学生知识的教授，而忽视对学生思维能力、创新能力、实践能力等方面的培养。同时，这也容易造成教学质量和教学成果之间的脱节，因为一些学校或老师可能会因为考试成绩的压力而放弃其他重要方面的教育。另外，现有的评价指标体系忽略了学生的特点和需求，许多民族地区的学生可能因为语言、文化、地理等因素存在较大的学习障碍，而现有的评价指标体系并没有对这些因素进行充分的考虑。对于学生的心理健康和社会适应能力等方面也缺乏对应的评价指标，无法全面反映学生的发展情况。其二，缺乏关注教师教育教学水平的评价指标。在当前民族地区基础教育评价指标体系中，对于教师的教学水平评价缺乏一定的科学性和客观性，未能全面覆盖教师教育教学能力的各个方面。应该针对民族地区基础教育的特点，建立一套适合本地教师教学的评价指标，考察教师的专业知识、教学技能、教学实践能力、教学效果、教育教学研究能力等。此外，教师是民族地区基础教育质量的决定因素之一，然而在现有的评价指标体系中对于教师队伍的评价指标并不充分，无法客观地反映教师的职业素养、教育教学能力和师德师风等。同时，在民族地区基础教育中，教师的文化背景、语言能力、教学经验等方面也应该得到充分的考虑，然而现有评价指标体系并未针对这些特殊情况进行设计，导致评价结果的不准确性和不全面性。其三，缺乏与民族地区实际情况相适应的评价指标。民族地区基础教育与其

① 资料来源：中华人民共和国教育部http：//www.moe.gov.cn/srcsite/A06/s3732/202201/t20220107_593059.html

他地区教育存在很大差异，其发展的历史、地理环境、民族文化等方面都具有独特性。然而，现有的评价指标体系大多是从其他地区的教育模式出发，对于民族地区的实际情况并未考虑充分，导致评价结果失真。另外，现有评价体系过于强调标准化、一致化的教育模式，忽略了地方文化和民族特色的发展。这样的评价体系会导致民族地区基础教育的单一化和标准化，无法满足多元化的教育需求。因此，需要建立与民族地区实际情况相适应的评价指标体系，更好地反映民族地区基础教育的特殊性和复杂性。

二、家校社协同育人机制不健全

家校社协同育人机制的健全是影响民族地区基础教育高质量发展的重要因素之一。家庭教育、学校教育和社会教育尽管身处不同场域，所关注和涉及的利益存在不同，但对学生的培育是深刻且连续的，也都有着育人的共同目标。在家庭、学校、社会、协会等多个领域，都需要建立健全的协同育人机制，以促进学生的全面发展和素质提升，进而促进民族地区基础教育高质量发展。

第一，家校社协同合作意识缺乏。家庭、学校、社会和协同育人机构之间缺乏协同合作意识，缺少共同的育人目标和价值观念，同时也缺乏有效的沟通和协商机制，导致各自为政、信息不对称、资源浪费等问题。一方面，很多民族地区学校和家庭之间缺乏沟通和交流，互相理解和信任不够，使得家庭不能很好地参与到孩子的教育过程中来。家长普遍缺乏对学校的信任，对学校教育的质量和效果存在质疑，也导致了家长和学校之间的互动不畅。另一方面，学校和社会环境缺少互动和交流，许多学校和社区往往处于相对封闭的状态，学生很难获得来自社会的启示和支持，这限制了学生的视野和发展空间。第二，家校社三方缺乏有效的组织机制。协同育人需要有明确的组织机构和职责分工，但目前民族地区基础教育中协同育人机制不够完善。一方面，学校在家庭、社会和协同育人机构之间充当着“桥梁”的角色，但是学校在具体实践中缺乏专门的协同育人机构，导致协同育人工作缺乏有效的统筹和组织。另一方面，家庭和社会中的协同育人机构也存在组织不规范、职责不清晰等问题，导致协同育人工作效果不佳。第三，缺乏有效的监督机制。家校社协同育人需要有效的监督机制，以确保各方面的协同育人工作能够得到落实和改进，然而我国目前缺乏有效的协同育人监督机制，缺乏对协同育人机构的监管和评估，导致协同育人工作效果难以评估和改进。第四，缺乏资源共享机制。目前在民族地区基础教育中，家庭、学校、社会和协同育人机构之间资源共享机制不够完善，一方面，学校在资源共享方面存在困难，如缺乏资金、师资力量等，导致学校无法为协同育人提供必要的支持。另一方面，家庭和社会中的协同育人机构也存在资源不足的问题，导致协同育人工作难以开展。

三、学校发展质量不均衡

在基础教育从基本均衡走向优质均衡的过程中，学校发展质量不均衡是民族地区基础教育高质量发展面临的重要挑战。2019 年，学前教育毛入园率达到83.4%，九年义务教育全面普及并在县域内实现基本均衡，高中阶段教育毛入学率达 89.5%，困难家庭子女、残疾儿童受教育权利得到较充分保障。在入学总量需求趋于稳定的同时，学前教育、城镇义务教育学位拥挤等结构性问题仍然突出，农村贫困地区小规模学校办学条件不佳，特别是师资队伍仍是短板；划片就近入学、对口升学使城市择校热大大缓解，但学校之间的教育质量差距仍然明显，家长的择校愿望还较强烈，校外辅导机构治理、中小学生减负工作力度明显加大，但学生的家庭作业和补课负担还很重，社会上还存在普遍的“教育焦虑”[①]。其中，不同地区、不同学校之间存在一定差距，校际教育公平问题深受人们的关注。

一是学校层面上的质量不均衡。尽管已取消重点学校制度，但“重点学校”和“非重点学校”之间的差距仍然较大，“重点学校”由于在校园物质环境方面积累了较长时间，无论在办学规模、设施条件，还是教育教学、师资配比方面都存在一定的优势。另外，重点学校拥有更多的教育资源，包括先进的教学设备、图书馆、实验室、体育馆等，这些资源可以为学生提供更加优良的学习环境和更好的学习体验。二是教师层面上的质量不均衡。不同学校之间师资力量差距较大，重点学校一般招聘的是具有高学历、高职称和丰富教学经验的教师，这些教师一般具备较高的学科水平和教学能力，能够为学生提供更为优质的教育资源和服务，能够根据学生的实际情况进行个性化的教育教学，提供更为丰富多彩的教学内容和形式，使得学生在学习过程中获得更多的启发和启示，而普通学校由于种种原因，往往无法招聘到这些优秀的教师，导致师资力量相对薄弱。此外，由于重点学校往往有更高的待遇和更好的职业发展前景，这吸引了大批的高水平教师前往重点学校工作，而在普通学校，教师的薪资和职业发展前景则相对较低，这就导致了普通学校在招聘和留住高水平教师方面也存在着一定的困难。三是学生层面上的质量不均衡。重点学校由于拥有更好的师资力量和更加优越的教育资源，其学生通常会有更好的学习环境和更严格的学习要求，重点学校的学生通常也会接触到更高难度的知识和更严格

① 王烽.高质量发展：基础教育的挑战与应对[J].人民教育，2021（01）：21-24.

的考核标准，这也使得他们的学业表现更加出色。另外，重点学校在教育教学方面的优势，能够为学生提供更广阔的发展平台和更高的发展空间，使学生能够更好地实现自我价值，而普通学校在这方面则相对较弱，学生的发展机会也会相应受到限制。

四、“五育融合”培育体系建构不足

建构“五育融合”培育体系是民族地区基础教育高质量发展过程中需要考虑的一个问题。习近平总书记在全国教育大会上的重要讲话中指出，“要努力构建德智体美劳全面培养的教育体系，形成更高水平的人才培养体系”①。党中央、国务院在对完善立德树人落实机制、加强学校德育和思想政治工作进行全面部署的同时，分别就加强新时代劳动教育、体育、美育制定了专门文件，一些地方政府和学校开发校内外教育资源，创新课程内容和实施方式，探索出一大批有效的经验和模式。目前，学校德育仍然缺乏针对性和实效性，体育、美育、劳动教育课程体系尚不健全，实践课程开发不足，社会资源利用不够、投入不足，课程改革在促进学生健康成长、全面发展方面的效果尚未得到充分显现，一些学校仍然深陷升学考试的窠臼之中。首先，促进学生全面发展的认识需要提升。教育是一种培养人的社会实践活动，但是基础教育发展过程中仍然存在重分数轻能力、重升学轻培养的现象，离国家所提出的促进学生德、智、体、美、劳等方面的全面发展还有一定差距。学校、家庭和社会过于关注学生的智育发展，在其他能力的培养方面则偏弱，这与教育的根本目的是有所偏离的，影响

① 资料来源：人民网 http：//edu.people.com.cn/n1/2018/0911/c1053-30286253.html

了学生的全面发展[①]。其次，促进学生全面发展的“五育融合”的行动比较缓慢。当前，中小学在教育教学活动中，缺乏对学生全面发展培养活动的制度设计和统一的行动规范，学校管理者、教师对日常教学工作之外的全面育人实践还存在诸多困惑，需要进一步增强学校在学生实践能力和综合素质培养上的力度，大力推进“五育融合”，以促进学生更加全面和充分地发展。

五、高质量教师队伍建设不足

民族地区基础教育高质量发展面临的最大挑战就是师资队伍建设问题，吸纳优秀教师进入民族地区基础教育师资队伍是促进基础教育高质量发展的重要手段。

目前，民族地区教师队伍建设依旧存在一些问题。首先，教师队伍结构性失调，专业素养提升较难。一方面，常驻教师队伍“老龄化”。近年来，尽管国家开展了“银铃计划”“特岗计划”及“轮岗机制”等，但也似乎只起到了1至2年的“救济”作用[②]，服务期满后青年教师留任意愿低下，呈现出新老教师青黄不接、中青年教师断层，常驻教师队伍“老龄化”的问题[③]。教师团队由于人员尚不固定，且活力不足，团队间难以产生归属感，同校新老教师间协同发展作用弱，教师专业发展容易停滞

---

① 余雅风.以制度为关键和重点，让教育治理更有水平——推进教育治理体系和治理能力现代化[J].中国电化教育，2020（01）：2-6+16.

② 王正勇.民族地区农村教师队伍建设的困境与对策[J].民族高等教育研究，2019，7(06)：60-64.

③ 陈晓琳.教育获得感的时代内涵、价值及实现路径[J].教育评论，2021（10）：104-109.

不前[①]。另一方面，教师素质整体偏低。在学历方面，根据教育部统计数据显示，2021年乡村教师学历结构以本科、专科为主，其中专科比例依旧较大（约占比35%），硕士及以上的乡村教师比例不足0.5%[②]。在职称方面，有学者对某县的204名乡村中学教师进行调查，结果显示教师职称级别主要是未定级教师，占比为47.06%，高级教师及以上职称仅占不到4%[③]。总体而言，全国范围内高学历、高职称的乡村教师比例明显低于城镇学校，教师素质整体偏低。因此，乡村教师的校本研修、校内培训等由于缺乏基于学校实际的高水平指导，仍面临着较大困境[④]，不利于在日常工作中促进教师的专业发展。除此之外，教师教学负担繁重，部分农村地区学校专任教师数量小于下达的基本编制数，在一定程度上存在着师资不足的问题[⑤]。在教学上，大多数乡村教师需一人兼任两门或几门学科的教学任务，尤其如音乐、体育、美术、计算机等课程的专任教师紧缺，课程甚至无法开齐，教师在教授具有升学压力的主科课程时，还需兼顾完全与自身专业不相关的课程[⑥]。此外，班级管理、学校行政辅助、学生生活及卫生管理等非教学工作大都也只能由乡村教师兼任[⑦]。这导致教师负担过

① 卢文君.浙江省农村普通高级中学青年教师队伍激励研究[D].西北大学，2021.

② 苏锦瑜，李爱民.福建省云霄县农村小学科学教师专业发展现状调查[J].基础教育研究，2022（4）：15-18.

③ 任友群，杨晓哲.新时代乡村教育的强师之路[J].中国电化教育，2022（07）：1-6+15.

④ 李艳红，杨燕飞.优质均衡视域下城乡教师基本结构的供给侧改革研究[J].甘肃高师学报，2022，27（03）：58-63.

⑤ 张文斌.农村教师队伍建设存在的问题与对策研究[J].吕梁教育学院学报，2020，37（02）：9-12.

⑥ 刘杨洁雅.2015-2020年《人民日报》乡村教师媒介形象建构研究[D].西南大学，2021.

⑦ 朱秀红，刘善槐.我国乡村教师工作负担的问题表征、不利影响与调适策略——基于全国18省35县的调查研究[J].中国教育学刊，2020（01）：88-94.

重，自主学习时间少，工学矛盾突出，限制了教师的专业发展[①]，甚至部分教师出现了不同程度的职业倦怠倾向[②]。另外，还面临着师德师风建设问题。师德师风建设是新时代背景下高质量教育发展的需要，新时代赋予基础教育教师的政治责任、道德伦理责任、立德树人的教育使命责任比以往任何时代都更急需、急迫和急切。其次，民族地区高质量教师队伍建设面临着区域间、学校间、学科间的教师队伍质量、水平发展的不平衡问题。基础教育教师队伍建设不能满足高质量教育需要主要表现为：贯彻党的教育方针的能力不足，如教师和校长对于德智体美劳全面发展概念的理解不清；实现教育现代化的前瞻性意识薄弱、技能不足，如教师和校长对于儿童脑力、智力发育的认识及其对于学习的影响的认识和实践依据方面严重不足等。再次，民族地区基础教育教师队伍建设治理体制和机制并不完善，如涉及教师师德、资格考试、编制、职称评聘、考核评价、待遇、培训等，同时牵涉到各个部门的利益，相关治理机制和体系尚未建立起来。民族地区基础教育师资队伍建设中还面临着数字化问题，例如教师的数字素养标准和教师培养培训的数字化体系尚未制定，以及教师的相关课程、教材、教学方法的数字化体系也尚未完善。

---

① 李军.制约农村教师自主专业发展的因素与对策[J].教育探索，2010（11）：110-111.

② 黄风珍，钟荣桃，杨荣翰.影响广西桂东农村少数民族教师专业发展的因素分析——以广西富川瑶族自治县为例[J].经济与社会发展，2010，8（07）：186-189.

第二章　民族地区基础教育信息化建设

自20世纪末期，发达国家和一些发展中国家开始积极提倡并推行信息技术在教育中的应用，随后我国基础教育信息化在国家先后实施的一系列重大规划和工程的支持下步入正轨。2010年颁发的《国家中长期教育改革和发展规划纲要（2010—2020年）》第十九章中进一步明确了信息技术对教育发展的重要性，尤其指出要加强农村边远山区学校的信息化建设，缩小城乡教育差距[①]。2012年教育部颁布的《教育信息化十年发展规划（2011-2020 年）》中则指出加强建设覆盖城乡的中小学教育信息化基础软、硬件环境体系，分享优质教育资源，大力开展信息技术在教育教学中的应用，断革新教育理念和进行教育创新，提高教育质量，促进教育公平[②]。2018年，教育部印发《教育信息化2.0行动计划》，为我国教育信息化未来发展确立了清晰的"三全两高一大"目标：到2022 年基本实现教学应用覆盖全体教师、学习应用覆盖全体适龄学生、数字校园建设覆盖

① 资料来源：中华人民共和国教育部 http：//www.moe.gov.cn/jyb_xwfb/s6052/moe_838/201008/t20100802_93704.html

② 资料来源：中华人民共和国教育部 http：//www.moe.gov.cn/jyb_xwfb/s271/201204/t20120424_134517.html

全体学校，信息化应用水平和师生信息素养普遍提高，建成“互联网+教育”大平台①。目前，我国基础教育信息化发展很快，尤其经济发达省市地区在教育技术理论与实践方面取得了许多成绩，但是，现阶段民族地区基础教育信息化发展与经济发达地区相比仍然存在一定差距，这个问题已经成为我国基础教育高质量发展的障碍。因此，民族地区基础教育信息化建设是推进我国基础教育改革与发展的战略选择，是促进教育公平、提升教育质量的有效途径。

第一节　民族地区基础教育信息化建设的内涵

一、民族地区基础教育信息化内涵的时代重赋

民族地区基础教育信息化建设是指在民族地区基础教育中，采用现代信息技术手段，利用计算机、网络、多媒体等技术手段来促进教学资源的共享和教学质量的提高。它是当今信息化时代下，基于科技创新的基础教育改革和发展的需要，也是贯彻落实国家教育信息化战略的必然结果。

从内涵上来说，民族地区基础教育信息化建设包括了基础设施建设、教学信息化应用、教学资源建设、教师信息化能力提升、学生信息素养培养、教育管理信息化、教育信息化政策法规建设等方面的内容。其中，基础设施建设包括网络设施、教育信息化软硬件设备、数字资源等方面，建

① 资料来源：中华人民共和国教育部 http：//www.moe.gov.cn/srcsite/A16/s3342/201804/t20180425_334188.html

设完善的基础设施是实现教育信息化的前提条件。教学信息化应用是指将信息技术融入教学过程中，提高教学质量和效率，如数字化课程、在线学习、电子教案、电子白板等。教学资源建设包括教材、教辅、多媒体课件、数字化图书等，通过数字化手段实现教学资源的共享和普及。教师信息化能力提升是指通过提供教师信息化培训、支持教师信息化教学实践，帮助教师掌握信息化教育教学方法和技能。学生信息素养培养是指通过提供数字化学习资源和环境，培养学生的信息素养，提高学生的信息获取、加工和利用能力。教育管理信息化是指建立完善的学生信息管理系统、教师信息管理系统、课程管理系统等，实现教育管理信息化。教育信息化政策法规建设是指出台相关政策法规，引导和推动教育信息化的发展，保障教育信息化建设的顺利进行。

从根本上来说，民族地区基础教育信息化发展对于促进教育均衡发展、推进教育现代化、提升教育质量具有重要意义。首先，信息化手段可以跨越地域、时间和空间的限制，实现教育资源共享，让教育资源更加公平、平等地分配。其次，基于现代信息技术的民族地区基础教育信息化发展，能够实现教育教学模式和方法的转变，促进学生创新思维的发展。此外，信息化教育教学有助于提升教师的教学能力和教学水平，增强他们的信息素养，进而为民族地区基础教育的发展提供更有力的支撑。在民族地区基础教育信息化的发展过程中，我们也需要关注一些问题，一方面，由于地理和经济条件的限制，一些地区的基础设施建设和教育资源供给还存在不平衡和不足的问题，这就需要政府加大投入力度，促进基础设施建设和资源配置的优化，为民族地区基础教育信息化的发展创造更好的条件。另一方面，由于民族地区的多元文化背景和语言差异，信息化教育需要更加关注教育内容的本土化和多元性，保护和传承民族文化，避免文化冲突和语言障碍的影响。民族地区教育信息化是教育信息化整体事业中的薄弱环节，由于不同地域、民族之间的差异，推动民族地区教育信息化建设至关重要。而在民族地区教育信息化建设中，基础教育阶段又是重中之重。在人类大步跨入智慧时代的进程中，重赋教育信息化的时代内涵，使得理论更好地发挥对实践的指导作用显得尤为迫切和必要。民族地区教育信息化是什么，教育信息化有哪些内容，重赋教育信息化时代内涵需重新认识并进一步发展和丰富教育信息化要素。

二、民族地区基础教育信息化内涵的科学理解

信息技术的发展使得信息变得更加便捷和快速，而且信息也不再是传统的、单向的、孤立的，而是相互联系的、互动的、变化的，这种变化直接影响了教育领域。在信息技术飞速发展的时代，基础教育信息化已经成为一种趋势，特别是在民族地区，教育信息化为打破信息壁垒，改善教育资源和教育水平，提供了更好的途径，基础教育信息化具有更为重要的意义。具体而言，民族地区基础教育信息化的时代内涵包括了教育的普及化、教育的现代化以及教育的协同性三个方面。

在教育普及化方面，教育普及化是民族地区基础教育必须要实现的目标之一。民族地区基础教育的普及化指的是在民族地区推进基础教育覆盖率和质量的提高，促进教育公平和优质教育的实现。这是一个持续的过程，需要政府、社会各界、学校、家长等多方共同参与和协同推进。在民族地区，由于经济发展水平、文化传承、社会环境等因素的影响，基础教育的发展存在着很大的差异性和不平衡性。而教育普及化则针对这一现状，通过政策、制度、投入等方面的改革和创新，推进基础教育的全面普

及和质量提高，促进教育公平和优质教育的实现。“普及化”是指让每一个适龄儿童都能够接受基础教育的教育服务，确保教育资源的公平分配和社会公正。同时，也要注重基础教育的均衡化，即让每一个学生都能够享受到相同的教育服务，避免由于地域、贫富等差异导致教育不公的情况。而“优质化”则是指提高基础教育的教学质量，确保每一个学生都能够接受适合自己的教育，并得到全面的发展。在教育的现代化方面，其中最重要的是教学内容、教学方式、教学手段和教育管理的现代化。其一，随着信息化技术的不断发展，教学内容也需要不断更新和调整，以满足信息时代的需求。这就需要民族地区基础教育注重现代信息技术的融入，加强对信息技术知识和技能的培养，培养学生对于信息化技术的应用能力，让学生适应信息化时代的到来。其二，随着信息化技术的不断发展，教学方式也面临着新的机遇和挑战。在民族地区基础教育中，教师需要适应信息化时代的需要，采用更多的互动性和体验性教学方法，鼓励学生通过信息化手段来进行学习和交流，培养学生的创造性思维和实践能力。其三，教学过程中所使用的各种工具和资源，如教学软件、教学硬件、教科书、教学资料等教学手段可以更好地支持和促进民族地区基础教育的发展。比如使用多媒体教学软件可以使教学更加生动和形象，使用网络教学平台可以促进教学资源的共享和教学的协同，使用在线学习课程可以满足学生个性化学习需求等。其四，教育管理是指对民族地区基础教育进行规划、组织、管理、监督和评价的过程。在信息化时代，教育管理需要更加注重信息化手段的运用，推进信息化教育管理模式的创新。例如使用教育信息化管理系统可以实现学生信息的全面管理和信息共享，可以促进教育资源的整合和协同，从而更好地提高教育管理的效率和质量。在教育的协同性方面，在各级政府、学校、教育机构、教师和家长等多方合作的基础上，协同推进民族地区基础教育发展的全过程，体现了基础教育的整体性、全面性和系统性，是推进民族地区基础教育信息化发展的必然要求。首先，政府是民族地区基础教育的主要管理者和投资者，需要在教育规划、政策制定、经费保障、资源配置等方面发挥协同作用，形成多层次、多渠道、多元化的投入机制，确保教育资源的均衡分配和利用。其次，学校是基础教育的主体，需要在教育教学、管理和服务等方面发挥协同作用，形成多样化、特色化的教育模式和课程体系，提高教育质量和教学水平。再次，教育机构是教师培训、教材研究、科研评估等方面的主要机构，需要在教育理论和方法、教育技术和资源等方面发挥协同作用，提高教育教学效果和质量。另外，教师是教育的主要实施者和推动者，需要在教育教学、教师培训和管理等方面发挥协同作用，提高教师的教学水平和能力，促进教育的创新和发展。最后，家长需要在学校教育、家庭教育和社会教育等方面发挥协同作用，提高学生的综合素质和能力，促进学生的全面发展。

三、民族地区基础教育信息化内涵的要素扩容

关于教育信息化的构成要素，我国先后出现了“三要素说”和“六要素说”。“三要素说”认为，教育信息化由信息设施的建设、信息资源的开发、信息技术教育的开展三个主要要素构成①。而“六要素说”则认为，教育信息化由信息资源、信息网络、信息技术应用、信息技术和产业、信息化人才以及信息化政策、法规和标准等六个要素构成②。当下，教育信

① 田振清，陈梅.基础教育信息化系统的构成及要素探析[J].教育信息化，2002（08）：9–11.

② 杨晓宏，梁丽.全面解读教育信息化[J].电化教育研究，2005（01）：27–33.

息化的应用越来越广，影响作用越来越大，现阶段亟须对教育信息化的内涵进行要素扩充。因此，对于民族地区基础教育而言，也应当重新审视既有要素并进一步将其丰富和发展。

首先，需要将价值理念扩充到民族地区基础教育的内涵要素中去。价值理念是指人们对于生活、人生、社会和世界的看法、评价和态度，是一种思想观念和价值观念。价值理念可以为学生提供良好的价值导向，引导学生形成正确的人生观、世界观和价值观，具有重要的教育意义。一方面，信息化建设是当前教育发展的必然趋势，通过信息化手段可以提供更加优质的教育资源和服务。因此，在民族地区基础教育的信息化建设中，应当充分考虑到民族地区的文化特点和教育需求，引导学生尊重自己的文化和传统，增强自信心和文化认同感。同时，注重学生的全面发展和社会责任感，培养学生的创新精神和实践能力，提高学生的综合素质和社会竞争力。另一方面，民族地区基础教育信息化有着独特的特点和规律，其价值理念具有极其重要的引导作用。例如民族团结、国家认同、爱国主义精神、铸牢中华民族共同体意识、社会责任、人文关怀等价值理念也需融入其中。教育信息化要引领教育现代化，需要在创新模式、创新业态、创新形态等方面充分发挥重要作用，如果没有相应的价值理念，也就没有内生发展的动力源泉。因此，教育信息化作为一个充满活力的生态系统，必须将价值理念作为民族地区基础教育信息化的基本要素加以重视和发展。其次，信息化人才与队伍在民族地区基础教育信息化建设中具有重要的支撑作用，也应纳入基本要素中去。具体而言，一是开展教育教学工作需要的教育信息化人才，这类人才可以提供相应的技术支持和教师培训工作，是信息化人才队伍建设中的首要人才。一方面，信息化建设需要技术的支撑，需要具备一定的技术能力才能完成，信息化人才能够为民族地区基础教育提供技术支持，帮助学校实现信息化建设。另一方面，信息化人才能够提供管理支持，民族地区基础教育信息化建设需要进行科学的管理，包括组织、计划、实施、监督等方面，协助学校建立科学的信息化管理体系，提高信息化建设的管理水平，确保信息化建设的顺利进行。除此之外，信息化人才还能够提供培训支持。通过开设培训课程、提供咨询等方式，帮助教师快速掌握信息技术的应用技能，从而提高教师信息化教育教学的水平。二是具备信息化技术素养的优秀教师，这也是当下最为缺乏的人才，这类人才决定了教育信息化发展的质量。一方面，具备信息化技术素养的教师能够更好地理解和运用信息技术，为学校和地区信息化建设提供支持和推动作用，他们能够把信息化技术融入教学，探索和应用新的教育模式，提高教育教学效率和质量，推进信息化建设。另一方面，具备信息化技术素养的教师能够更好地指导学生掌握信息化技能和信息素养，他们可以通过课堂教学、科技活动、实践探究等方式，引导学生积极参与信息化活动，培养学生的信息素养。因此，信息化人才及队伍是民族地区基础教育信息化过程中重要的要素之一，除此之外，空间、平台、活动等要素也在民族地区基础教育信息化建设中有着一定的影响作用，需要将其纳入考虑范围。

第二节　民族地区基础教育信息化建设的价值

一、民族地区基础教育信息化促进教育公平

通过对教育信息化促进教育公平的相关文献进行梳理分析，笔者发现既有文献主要分为教育信息化与教育公平两者关系的思考、教育信息化促进教育公平的途径以及教育信息化促进教育公平具体路径三大方面。钱志亮认为，教育公平是“公民能够自由平等分享当时、当地公共教育资源的状态①。”关于教育信息化与教育公平两者的关系，刘敏娜指出教育信息化在促进教育公平方面起到了显著的作用，与此同时也带来了新的不公平，对教育公平产生了双重影响。具体而言，教育信息化加快了发达地区的教育步伐，却没能够同等加快落后地区的教育步伐，为了实现教育公平的教育信息化却带来了新的不公平②。魏黎等指出信息化教育依托的是信息网络，受到经济状况的制约，影响了教育公平的实现，并有可能走上一种恶性循环③。陈联等指出东西部地区之间的不平衡，城市与乡村之间的差距，经济差距不是发达地区与落后地区之间的最大差距，教育差距才是

① 钱志亮.社会转型时期的教育公平问题——中国教育学会中青年教育理论工作者专业委员会第十次年会综述[J].教育理论与实践，2001（02）：5-6.

② 刘敏娜.试论教育信息化对教育公平产生的双重影响[J].陕西教育（高教版），2011（04）：5

③ 魏黎，沈红.教育信息化的弊端及其制约[J].高等工程教育研究，2006（02）：33-36.

发达地区与落后地区之间的最大差距[①]。”关于教育信息化如何促进教育公平方面，陶明认为现代远程教育是实现教育公平的重要途径，是推进教育民主化进程的重要手段，它有利于促进教育的公平发展，为教育公平提供了前提和条件[②]。宋有认为利用现代远程教育使社会成员共享优质教育资源，是实现教育公平的重要途径，是推进教育民主化进程的重要手段[③]。彭红光认为信息技术由于无时空和主体限制，是实现资源共享、促进教育均衡发展、实现教育公平的理想选择[④]。关于教育信息化促进教育公平的具体路径方面，胡小勇等结合新时代基础教育公平内涵新变化及技术演进历程，提出从粗放帮助走向精准帮扶、标准化供给到多样化优质供给是信息技术赋能解决教育发展“不平衡、不充分”问题的关键价值，并基于技术手段、实施焦点、政策项目分析信息化促进我国基础教育公平发展的总体路径[⑤]。李姗泽认为区域间、城乡间、学校间教育信息化发展不均衡，会加剧义务教育发展不均衡，因此其提出建立教育信息化条件保障机制、共建共享机制、工作评价机制等三个方面来探讨信息化促进义务教育均衡发展的机制，以助推义务教育均衡发展[⑥]。何克抗教授团队通过运

---

① 陈联，芦丽君.论教育信息化下的教育公平[J].经济师，2006（02）：107–108.

② 陶明.现代远程教育视野中的教育公平[J].思想战线，2009，35（S1）：111–113.

③ 宋有，刘仁坤.现代远程教育的资源共享与教育公平[J].现代远程教育研究，2007（05）：5–8+71.

④ 彭红光，林君芬.以信息化促进义务教育均衡发展的机制和策略[J].中国电化教育，2010（10）：33–39.

⑤ 胡小勇，许婷，曹宇星，徐欢云.信息化促进新时代基础教育公平理论研究：内涵、路径与策略[J].电化教育研究，2020，41（09）：34–40.

⑥ 李姗泽，范亮.信息化助推义务教育均衡发展的机制探讨[J].电化教育研究，2012，33（10）：41–44.

用信息化教学创新理论来促进农村基础教育均衡发展①。章飞通过积极推进电子教材的开发与推广工作，实现优质教育资源的共享，促进教育公平②。

信息化技术的发展可以弥补传统教育资源分配不均的弊端，为民族地区学生提供平等的教育机会和资源。民族地区基础教育信息化促进教育公平主要包括三方面：促进教育起点公平、促进教育过程公平以及促进教育结果公平。信息技术正在并仍将对教育领域产生深刻影响，并在推动教育公平方面存在着诸多优势。第一，促进教育起点公平。教育起点公平旨在消除由地域、家庭、经济、性别、文化等客观因素造成的影响，确保每个个体都享有平等的受教育的权利和机会。由于区域经济发展不平衡，我国东西部之间、区域之间存在着比较严重的教育失衡现象，教育起点存在差异成为社会常态③。网络教育打破了原有的地域和校际壁垒，消解了过去以优秀教师资源为核心的优质教育资源垄断对教育公平的制约。主要体现在信息技术下教育资源非独占、可复制的特性，实现了对优秀教师资源、优质课堂资源的共建共享。尤其当前的网络技术和媒体技术已经能够实现教师远程同步授课，配合恰当的教学设计，教师资源也能够实现两地甚至多地共享，扩大优质师资的辐射面。即使是偏远学校也可以通过网络共享最优质的课程和最优秀的老师，这在起点上缩小了城乡教育资源的差距、拓宽了师生知识获取渠道，对教育内外部公平土壤的塑造有着积

---

① 何克抗，余胜泉，吴娟，马宁，赵兴龙，袁磊，齐媛.运用信息化教学创新理论大幅提升农村中小学教学质量促进教育均衡发展研究[J].电化教育研究，2009（02）：5-18.

② 章飞.开发电子教材，促进教育公平，引领学习革命[J].江苏教育学院学报（自然科学），2013，29（01）：8-9+22+92.

③ 熊才平，丁继红，葛军，胡萍.信息技术促进教育公平整体推进策略的转移逻辑[J].教育研究，2016，37（11）：39-46.

极意义[①]。第二，促进教育过程公平。教育过程公平是回归到教育系统本身，坚持以人为本的理念，促进学习者个体生命质量提升和发展。教育过程公平的实质是尊重和关注学生差异，让每个学生均能获得适合其个性和发展需求的教育，使每个学生的潜能都得到挖掘，特长得到发挥。不同学生的学习风格、学习基础和学习进度等不尽相同，在教育过程中应因材施教，让学生享受个性化的教学。网络教育为学生学习提供灵活的个性化的学习机会，在教师指导下，学生按照自己的个人优势、学习兴趣、基础和进度等进行差异化学习和个性化学习，在网络学习社区和全国各地志同道合的学习伙伴、行业专家交流，充分发展自己的优势智能，实现个性化发展[②]。第三，促进教育结果公平。教育结果公平是教育公平的最终目标，让每个孩子获得个性化发展，充分发展每个孩子个人潜能的教育才是真正意义上的教育公平[③]。从历史经验看，教育结果公平更多地表现为教育效果和教育质量公平，指不同社会出身的社会成员都获得进步，进而获得平等的教育效果[④]。技术促进教育结果公平主要体现在：一方面信息技术促进协作知识建构与迁移。各种新媒体及技术能够对学习内容进行可视化表征和立体化呈现，增加学习内容的直观性和生动性；能够以实时互动工具促进协作探究和深度学习，提升学习者的实践能力和知识创新能力；能够构建分布式协作学习环境，利用分布式计算及信息融合技术，实现跨领域、跨学科的内容整合与协同服务等。在信息技术的支持下，学习者能够

---

① 金久仁.信息技术促进教育公平的耦合可能与限度约束[J].现代远程教育研究，2022，34（04）：55-64.

② 王永军，陈露露，任怡静.网络教育促进有质量的基础教育公平：内涵、形式及路径[J].中国教育信息化，2021（23）：1-5.

③ 顾明远.个性化教育与人才培养模式创新[J].考试（双语读写），2014（12）：18-19.

④ 周洪宇.教育公平论[M].北京：人民教育出版社，2010.37 — 47.

充分利用各种信息表征工具和交互工具，促进学习者知识的内化与迁移，建立起知识的应用场域，促进知识的创造与再生，知识在获取、内化、应用、创新的过程中产生了循环流动。在知识的流动过程中，知识的生产者和消费者间接或直接地参与了协作知识建构，促进了知识的内化与迁移。另一方面，信息技术优化教育评价方式和过程，大数据、云计算、学习分析技术等先进技术使得教育评价从模糊到精准，信息技术促进教育评价从依据经验的评价转变为依据数据的过程性评价。由于能够及时、有效地收集和获取有关每个学生的学习进度、学习过程、学习兴趣与知识能力水平等多种数据和信息，因此可以适应多维度评价的要求，从而实现较为精确的科学评价①。总之，通过教育数据挖掘和学习分析技术，能够更科学全面地对学生、教师、环境进行相对客观的评价，促进学生个性化学习和教师专业化发展。

二、民族地区基础教育信息化促进教育优质均衡发展

通过对教育信息化促进教育优质均衡发展的相关文献进行梳理分析，笔者发现已有文献主要从理论研究和实践研究两方面进行。理论研究主要集中在教育信息化促进教育优质均衡发展的特点、表现和价值等。彭红光等认为教育信息化促进教育优质均衡发展是教育发展的必然要求，并且提出了“质量均衡”是其“价值取向与目标”，“教育信息化一体化”是其核心，“机制创新”是其“关键策略”等重要论断②。何克抗通过分析中

① 何克抗.大数据面面观[J].电化教育研究，2014，35（10）：8-16+22.

② 彭红光，林君芬.以信息化促进义务教育均衡发展的机制和策略[J].中国电化教育，2010（10）：33-39.

国、美国等大国义务教育优质均衡发展的现状，对教育优质均衡发展的有效方式途径进行了探索，并提出利用信息化教学的创新理论来促进优质教育资源的优质均衡发展①。李姗泽等则通过对义务教育优质均衡发展面临的问题进行分析，提出教育信息化对解决这一问题具有“实现不同层次的教育机会均等”“实现优质教育资源共享”“提高教师培训的质量”等三大价值②。王方全认为名校集团化有利于促进优质教育资源的共享，并围绕“择校难”等现实问题，分析得出名校集团化能够促进优质教育资源的全覆盖③。万力勇等提出信息化能在“教学资源配置均衡”“师资队伍发展均衡”和“教学质量均衡”等三个方面促进民族地区义务教育优质均衡发展④。陈秋怡强调优质均衡发展是义务教育的现实需求，教育信息化是促进教育优质均衡发展的有效途径，用教育信息化促进教育均衡也是社会的必然选择⑤。钱晓如则认为“互联网+”是一种教育资源共享模式，能够大幅提高优质教育资源的共享率⑥。苏可强调信息技术可以打破时空壁垒实现优质教育资源共享，但由于信息化基础设施的差异严重影响了资源共享，因此提出构建均衡的教育资源共享平台是其基本保障⑦。实践研究主

① 何克抗.教育信息化是实现义务教育优质、均衡发展的必由之路[J].现代远程教育研究，2011（04）：16-21.

② 李姗泽，范亮.信息化助推义务教育均衡发展的机制探讨[J].电化教育研究，2012，33（10）：41-44.

③ 王方全.借力名校集团化，实现优质教育资源全覆盖[J].教书育人，2016（14）：14-15.

④ 万力勇，舒艾.以信息化促进民族地区义务教育均衡发展：机制与策略[J].中南民族大学学报（人文社会科学版），2017，37（03）：59-62.

⑤ 陈秋怡.教育信息化背景下义务教育优质均衡发展问题研究[J].教育参考，2017（02）：22-27.

⑥ 钱晓如，付月媚，王宇娇.优质教育资源的共享途径研究[J].教育教学论坛，2019（10）：226-228.

⑦ 苏珂.我国优质教育资源共享面临的问题及对策[J].教学与管理，2018（30）：34-36.

要集中在实施策略探究和实践案例总结两方面。第一，关于教育信息化促进优质教育资源和优质均衡发展的策略探究。万力勇根据信息化能促进民族地区义务教育优质均衡发展的表现和特点，提出促进民族地区义务教育优质均衡发展的三大优化策略——“教育信息化一体化是保障”“教学应用是核心”以及“机制创新是关键”等[①]。高铁刚论述了信息技术促进教育优质均衡发展的分析框架，从宏观角度、中观角度和微观角度等三个维度对其方法进行阐述，并从信息技术提升义务教育优质均衡发展水平的现状和问题出发，提出了对策：一是建立其“方法模型”；二是“利用信息技术构建信息化教育生态系统”；三是建设其“长效机制”和“政策环境”等[②]。宋乃庆从城乡教育一体化角度进行探究，首先通过对国内外相关实践经验分析，并结合问卷、访谈等调查研究探究教育信息化促进城乡教育一体化的措施：一是要求“政府主导，多方参与”；二是要“优先发展农村基础设施”；三是要“综合推进农村特色的信息资源建设”；四是要“加强农村师生信息素养的培养”[③]。第二，关于教育信息化促进优质教育资源优质均衡发展的实践案例总结的研究。何克抗等基于教育信息化促进农村地区学校的教育优质均衡发展及广东深圳、河北丰宁、北京昌平等地的乡村学校展开的项目试点，对该项目的实施情况和实施效果做了总结，并对其理论基础做了深入分析与探究[④]。刘荣年对教育优质均衡发展

① 王方全.借力名校集团化，实现优质教育资源全覆盖[J].教书育人，2016（14）：14-15.

② 高铁刚.信息技术提升义务教育均衡发展水平的现状、问题与对策[J].中国电化教育，2015（02）：1-6.

③ 宋乃庆，杨欣，李玲.以教育信息化保障城乡教育一体化[J].电化教育研究，2013，34（02）：32-35+41.

④ 何克抗，余胜泉，吴娟，马宁，赵兴龙，袁磊，齐媛.运用信息化教学创新理论大幅提升农村中小学教学质量促进教育均衡发展研究[J].电化教育研究，2009（02）：5-18.

下的“扬州模式”这一案例进行探究，从“政府推动”“系统整合”“市场运作”“紧贴教学”“重在应用”这五大措施展开论述[①]。

教育均衡问题是教育的永恒问题，教育发展不均衡也是社会发展不均衡的重要表现。不同地区之间的教育一直发展不均衡，西部地区、乡村地区、民族地区与边远贫困地区的教育资源无法满足社会的需求，与东部发达地区和城市地区相比，这些地区教育的总体差距大，教育薄弱学校普遍存在。教育薄弱学校一直是我国教育均衡发展的一大短板，具体表现为办学条件较差、优质师资严重不足以及学生生源差等[②]。从办学条件方面来看，薄弱学校的教学设施等硬件条件较为落后，校园文化和环境等软件较差，这是形成薄弱学校的外部条件。从师资队伍建设方面来看，薄弱学校很难引进或留住优质的教师，这也是薄弱学校之所以薄弱的重要原因。从学生生源方面来看，薄弱学校很难招收到成绩优异的考生，优质的生源一般会流向重点学校。薄弱学校的这些短板使得其教学质量难以保证，严重制约学生的学业发展和身心发展。随着互联网技术不断地更新迭代，通过新网络技术手段来缩小教育差距成为了可能，特别是具有网络化、开放性、共享性、协作性等基本特征的教育信息化为促进教育均衡发展提供了最直接的理论和实践支撑。如今我国出台了有强有力的教育技术手段和政策支持来促进教育信息化的发展。一方面，我国移动互联网的飞速发展为教育技术提供了充分的理论和实践基础，目前“互联网+”等理念也运用到了教育领域；另一方面，我国一直重视教育资源分配不均衡等教育问题，不断通过教育立法来加强推动我国教育资源的均衡发展。2010

① 刘荣，吴必昌.促进城乡教育信息化均衡发展的“扬州模式”[J].中国电化教育，2008（01）：29-31.

② 孔养涛.农村薄弱学校成因分析及建设路径[J].教学与管理，2019（06）：27-29.

年，党中央、国务院颁布《国家中长期教育改革和发展规划纲要（2010–2020年）》，针对教育均衡等问题明确提出了“加强优质教育资源开发和应用”，特别是“继续推进农村中小学远程教育，使农村和边远地区师生能够享受优质教育资源。”教育部于2012年编制并发布了《教育信息化十年发展规划（2011–2020年）》，旨在通过发展教育信息化来“缩小基础教育数字鸿沟，促进优质教育资源共享”①，重点支持乡村地区、民族地区以及边远贫困地区的教育信息化建设和优质教育教学资源共享。为了进一步推进教育信息化的发展，教育部等五部委于2014年联合发布《构建利用信息化手段扩大优质教育资源覆盖面有效机制的实施方案》，明确提出“构建利用信息化手段扩大优质教育资源覆盖面的有效机制，逐步缩小区域、城乡、校际差距”的战略部署②，于2018年又发布了《教育信息化2.0行动计划》③，这些教育政策的颁布与实施说明国家重视教育的均衡发展，并通过教育信息化来促进优质的教育教学资源共享。

三、民族地区基础教育信息化助推教育高质量发展

对民族地区基础教育信息化助推教育高质量发展的相关文献进行回顾，发现既有研究主要从民族地区基础教育信息化助推教育高质量发展所面临的现实困境以及路径策略两方面展开。关于基础教育信息化助推教育

① 资料来源：中国政府网http：//www.moe.gov.cn/srcsite/A16/s3342/201203/t20120313_133322.html

② 资料来源：中国政府网http：//www.moe.gov.cn/srcsite/A16/s3342/201411/t20141124_179124.html

③ 资料来源：中国政府网http：//www.moe.gov.cn/srcsite/A16/s3342/201804/t20180425_334188.html

高质量发展所面临的现实困境方面，陈婷等指出由于我国教育信息化“起步晚、发展快”等原因，教育信息化促进基础教育高质量发展面临的问题有：定位不明，育人机制不健全；资源分配不均，“数字鸿沟”大；研究能力薄弱，实际成效不足等①。董玉琦等指出我国基础教育信息化取得了举世瞩目的成就，但也存在发展不均衡、应用不充分、政策不落地等问题，问题的根源在于缺乏优质的顶层设计和有效的基础研究②。关于基础教育信息化助推教育高质量发展路径策略方面，张家华等人指出智能技术是教育变革创新的核心驱动力，是教育高质量发展的新动能。智能技术赋予教育以新的范式、新的环境和新的要素，顺应了新时期国际教育改革发展的总体方向，符合我国教育高质量发展的内在需求③。申灵灵等基于功利倾向的“工具理性”造成技术与教育价值、教育职责、教育活动等关系的失衡问题，提出技术要植根教育的自然需要，通往人机和谐，技术要支持教育的适切应用，消解人机冲突，技术要让位于教育的主体本位，推进人机协同等策略④。

教育高质量发展是教育领域永恒的实践命题。对于基础教育领域而言，所谓教育高质量发展就是指既符合基础教育发展规律，又能够促进教育利益相关者不断适应世界变化，以提升学习者构建面向未来的学习力的教育，教育信息化为基础教育高质量发展提供了可能性。具体而言，民族

① 陈婷，甘梦蝶.教育信息化促进基础教育高质量发展：逻辑、困境与路径[J].教育与教学研究，2022，36（09）：120-128.

② 董玉琦，毕景刚，钱松岭，边家胜，乔沛昕.基础教育信息化发展的问题审视与战略调整[J].开放教育研究，2021，27（04）：50-58.

③ 张家华，胡惠芝，杨刚，杨俊锋，李浩君.智能技术赋能教育：教育高质量发展的新动能——第二十届教育技术国际论坛综述[J].现代教育技术，2022，32（03）：5-13.

④ 申灵灵，何丽萍.人工智能时代技术与教育共生的困局与出路[J].高教探索，2021（09）：13-18.

地区基础教育信息化建设从以下几个方面助推教育高质量发展：第一，促进民族地区基础教育教学模式创新，信息化技术的应用可以极大地丰富教学手段和形式，为教育教学模式的创新提供支撑。例如通过互联网教学平台，可以实现远程教育、网络课程等形式，通过多媒体技术，可以实现教学资源共享、数字化教学等形式，提高了教学效率，丰富了教学内容，为学生提供更加多元化的学习体验。而对于学生而言，通过网络学习平台，可以获取更加多样化的教育资源和信息，开展自主学习、自我评价和自我管理等活动，提高了学生的学习兴趣和学习能力，有助于培养学生的创新意识和实践能力。另外，信息化技术可以对学生的学习情况进行全面记录和分析，形成学生成长档案，为学生的教育生涯规划提供数据支持和参考，这可以为学生提供更加精准的职业规划和发展路径，同时也为学校提供更加科学的学生管理和发展方案。第二，提高民族地区基础教育教师素质和教育教学质量，信息化技术的应用可以提高教师的教学水平和素质，通过教育信息化平台，教师可以获取更多的教育资源和信息，进行多样化的教学研究和实践，实现教师的专业发展和教育教学质量的提高。信息化技术还可以促进教学方式的转变和教育内容的更新，使教育质量更具科技含量和创新性。例如可以通过在线教学平台、教学资源共享平台、学生学习情况监测平台等工具，实现对学生的个性化的教学和评估，提高教学效率和教学质量。此外，信息化技术为学校、教育部门和政府提供更为科学、准确和实时的教育管理数据和信息，帮助他们更好地制定和调整教育政策和计划，提高教育管理的科学性和效率，从而推动教育的高质量发展。第三，推动民族地区基础教育的国际化，信息化手段可以更好地帮助民族地区的教育与国际接轨，提高教育的国际化水平和竞争力。通过信息化手段，学生可以更好地了解国际教育动态和前沿技术，从而更好地适应国际化的教育环境和市场需求，提高自己的国际化素质和竞争力，推动教育的高质量发展。

第三节　民族地区基础教育信息化建设面临的挑战

一、民族地区基础教育信息化的数字鸿沟

数字鸿沟是指在全球数字化进程中，由于不同国家或地区之间对信息化设施拥有程度、应用程度以及创新能力的差别而造成的分化差异问题①。在我国教育领域，数字鸿沟的存在并不体现在硬件上，而是体现在“软件”使用上。得益于党和政府的重视和投入，乡村及边远地区也有较良好的互联网硬件设施。根据第49次《中国互联网络发展状况统计报告》，我国农村网民规模已达2.84亿，农村地区互联网普及率为57.6%。但在有效利用互联网方面，城乡差距仍然非常大。有学者指出，当前互联网普及重视“物理接入”，而民族地区的学校教育在互联网的应用方面出现了“使用鸿沟”，民族地区学校在资源获取、在线教学经验以及配套支持上存在不足，数字化课程未能真正惠及每个需要的地区或人②，这实际上加剧了城乡教育的不平等③。在如何用好互联网资源方面，城乡之间、

① 郝祥军，顾小清.技术促进课程创新：如何走向教育公平[J].中国电化教育，2022（06）：71-79.

② 郝祥军，顾小清.技术促进课程创新：如何走向教育公平[J].中国电化教育，2022（06）：71-79.

③ 谢家玲.“数字鸿沟”视域下的城乡教育公平研究[J].求知导刊，2021（39）：2-3.

不同家庭之间存在巨大的差距。随着信息技术的快速发展，数字化已经渗透到了各个领域。但在我国一些民族地区，基础教育信息化的数字鸿沟依然较为严重，主要体现在以下几个方面。其一，部分民族地区基础设施条件落后，网络覆盖不全，带宽较低，电脑数量有限，这些都是制约基础教育信息化的因素。由于网络速度慢、设备不足等问题，使得学生难以接触到更加丰富的网络资源，老师也难以开展网络教学，从而限制了信息技术在教育中的应用。其二，由于不同教育资源分配不均，往往是城市与乡村之间、沿海地区与内陆地区之间、东部地区与西部地区之间的教育资源分配不均，使得这些地区的学生和老师无法充分利用现代信息技术提供的教育资源，这对学生的学习和教师的教学产生了不利影响。另外，在一些民族地区，师资力量相对薄弱，很多教师缺乏现代教育技术的应用能力，难以开展网络教学等教育方式，从而限制了信息技术在教育中的应用。

二、民族地区基础教育整体信息素养有待加强

经过一段时间的发展，人们对教育信息化的认识已经有了初步的提高，但由于民族地区地处偏远的现实情况，教育信息化的思想更新仍然不够快，缺乏新的教育理念和教育技术手段，绝大部分教师仍采用传统教学方式，信息化教学形同虚设。一方面，民族地区的教师普遍缺乏信息素养的培养，包括信息获取、信息处理、信息交流等方面，这种情况导致了教师在利用现代信息技术进行教学时往往缺乏针对性和实效性，无法充分发挥信息技术在教学中的优势。另一方面，缺乏信息化教育的培训和支持，很多民族地区教师缺乏系统性的培训以及信息化教育的实践经验，从而导致了教师在利用信息化手段进行教学时往往缺乏经验和技巧。同时，民族

地区基础教育学生的信息素养也不高，这与学校和教师的培养与引导有关。由于民族地区教育资源有限，很多学生缺乏信息素养的培养，包括信息搜索、信息筛选、信息分析、信息利用等方面。这种情况导致了学生在获取信息时常常缺乏系统性和科学性，很难从大量的信息中筛选出有用的信息，从而影响了他们的学习和生活。此外，民族地区也缺乏信息化教育的支持和保障，比如缺乏适当的教育设施、教育资源和教育资金等。这种情况限制了信息化教育的应用和推广，影响了学生和教师信息素养的提高。继续深究，除了教育资源不足、教师和学生信息素养较低等因素外，还有一些其他的因素也对该问题的存在和加剧起到了影响，比如文化传统、家庭环境等。不同的民族地区有着不同的文化传统，这些传统影响了学生的学习方式和教师的教学方式，因此也会影响信息素养的培养和发展。例如，一些少数民族地区的学生普遍喜欢口头表达，而较少用写作表达，这会导致学生在使用信息化工具时缺乏写作和整理信息的能力。此外，民族地区基础教育信息化的应用也受到家庭环境的影响。在一些民族地区，家庭条件较差的学生很难拥有良好的学习环境和条件，这也会限制学生信息素养的提高。一些家长缺乏对信息化教育的认识和支持，这也是影响学生信息素养发展的关键因素。

三、民族地区基础教育教师专业培训不足

有学者指出，大部分农村中小学校长缺乏专业的教育管理培训，而是习惯于经验管理，沿袭学校已制订的制度①。学校教学工作缺乏激励机

① 黄凤珍，钟荣桃，杨荣翰.影响广西桂东农村少数民族教师专业发展的因素分析——以广西富川瑶族自治县为例[J].经济与社会发展，2010，8（07）：186–189.

制，目标管理不明确，教师工作无动力，积极性不高，教师间专业水平提升的氛围不浓①。第一，教师培训机会少。石烨以新疆阿克苏、新疆吐鲁番、甘肃甘南及宁夏固原等民族地区的825名中小学数学教师为调查对象进行调研，结果显示，没有参加过专业培训或只参加过一次专业培训的教师占比高达62.5%②；付倩对广西壮族自治区崇左市龙州县的151名教师开展问卷调查，结果表明，一学期内没有或仅有1–2次培训机会的教师占比为75%③。与城镇教师相比，乡村或偏远民族地区的教师所能获得的培训指标不足，加之路途远、教学任务重、时间紧张，经费不足等现实难题，使得乡村教师即使有积极的培训参与意愿也难以“足量足次”地参与培训，这无疑阻碍了教师的专业理念、知识的及时更新和补充，限制了教师专业技能的有效发展提升④。第二，培训的内容和方式针对性不强。一方面，部分民族地区农村教师所参与的培训课程大都面向全国、面向城市学校，甚至培训内容完全“唯城市化”⑤，未考虑到地方特殊文化背景及文化需求⑥，进行因地制宜的培训内容分类，导致培训流于形式，并不能与乡村教师的本土经验进行深度联结⑦。另一方面，培训活动单一，无论是

① 肖正德.文化视野中的农村教师专业发展[J].教育理论与实践，2006（21）：42–44.

② 陈向明，王志明.义务教育阶段教师培训调查：现状、问题与建议[J].开放教育研究，2013，19（04）：11–19.

③ 石烨.民族地区农村中小学数学教师专业成长现状及支持体系研究[D].西北师范大学，2020.

④ 付倩.广西边境民族地区中小学教师职后培训问题研究[D].广西民族大学，2020.

⑤ 冯瑶，徐鹤翔，姚坤，刘昊天，李国勇.有关新时代乡村教师队伍建设的研究[J].教育教学论坛，2022（13）：34–37.

⑥ 赵薇.城乡二元文化对农村特岗教师专业发展影响的个案研究[D].浙江师范大学，2014.

⑦ 吴双，赵裕如，朱雨.民族地区学前双语教师教育发展的问题及其对策[J].现代教育科学，2016（11）：129–133.

“走出去”的异地跟岗培训、专家讲座[①]，亦或是“引进来”的网络自学课程、专家直播等培训活动大都以课堂讲授、单项传输理论和方法为主，缺乏实践操作，难以帮助个体乡村教师改进自我实践经验，对民族或乡村地区教师的实际教学帮助不大[②]。优质师资是提升民族地区基础教育的基石，民族地区基础教育信息化建设需要一支强有力的师资队伍，也就是说要具备开展教育教学活动相关的教育技术素养。但是，民族地区大多处于边远山区，经济落后、交通不便、生活和工作环境等条件较差，与教育发达的中东部地区相比差距明显，这完全不利于民族地区的师资力量建设和优质人才引进。而外地优质教师由于环境、待遇等各方面因素很难被吸引到民族地区从事教育教学工作，因此，民族地区师资队伍信息化向好发展难以为继。与此同时，民族地区现有的优秀教师也在呈现不断流失的趋势，一方面，许多毕业生把民族地区教育工作作为升级的平台，工作一定时间后转向其他地区。另一方面，在民族地区工作多年的教师，由于在基础教育领域工作经验的积累，作为经验丰富的资深教师被其他地区的学校挖走，而原有学校短时间又难以培养出相关人才。正因为如此，民族地区基础教育始终处于优质师资不足的状态。

四、民族地区基础教育优质课程资源较为缺乏

民族地区基础教育信息化课程资源的缺乏是影响教育信息化发展质量

---

① 王正勇.民族地区农村教师队伍建设的困境与对策[J].民族高等教育研究，2019，7(06)：60-64.

② 郭国燕.文化适应视角下少数民族教师专业发展经验与问题——基于新疆南疆某市中学的田野工作[J].当代教师教育，2017，10（04）：80-85.

的一个重要因素。由于课程的研发和资源建设相对缺乏，尤其是适合该地区教育的本土化教材和课程资源缺乏，导致了民族地区基础教育信息化普及度不高。究其原因，主要是由于民族地区的经济和教育发展相对滞后、民族地区基础教育资源分配不均、缺乏适合民族地区实际情况的信息化课程资源等。第一，相对于发达地区，民族地区的经济和教育水平普遍较低，这导致了民族地区教育信息化建设滞后，缺乏足够的经费和技术支持，难以实现信息化教育资源的开发和建设。第二，民族地区基础教育资源分配不均。由于历史原因和地理环境等因素的影响，民族地区的基础教育资源分配不均，教育资源的匮乏和不平衡也是制约民族地区信息化教育发展的重要因素之一。第三，缺乏适合民族地区实际情况的信息化课程资源。由于民族地区的人口结构、文化背景、语言习惯等方面的差异，对信息化教育课程资源的需求也存在差异。然而，目前很多信息化教育资源并未考虑到这些实际情况，导致教育资源的匹配度不高。总之，民族地区基础教育对优质的教育课程资源有着迫切的需求，尤其是符合少数民族地区的课程资源。当前，民族地区基础教育也在加强优质课程资源的建设，但由于受经费支出、师资力量和教学水平等因素的制约，民族地区基础教育的优质课程资源建设缓慢且成效不大。其中，网络课程为学生提供了丰富多样、可选择的高质量课程，使满足学生的个性化学习需求成为可能，但在开展实施中仍存在下述几个问题：一是满足个别学生的需求存在难度。由于学生个体的多样性与差异性，使得学生的需求也更加多元复杂，个性化课程即使有技术的支撑依然难以全面兼顾个别且复杂的教育需求。二是教师能力准备不足。个性化课程的有效实施对教师提出了更高要求，教师必须有能力胜任网络课程下学生的个性化学习才能确保公平，教师在没有得到全面培训的情况下很难适应课程需求。三是标准化测试和父母的教育期望的冲突。标准化测试的评估方式与个性化课程的初衷是相背离的，如果一边追求个性化课程改革，一边却不对评估系统做出相应调整，则会导致个性化课程收效甚微、难以开展。比如，爱沙尼亚等国家就报告称，他们的评估系统与个性化的学习方法不兼容，评估系统的总结性评价方式不鼓励个性化学习[①]。

① 郝祥军，顾小清.技术促进课程创新：如何走向教育公平[J].中国电化教育，2022（06）：71–79.

第三章　双师课堂的历史沿革与实践创新

长期以来，民族地区的教育资源一直存在无法满足社会需求的状况，师资力量的短缺，学生基础的薄弱等都成为制约民族地区教育发展的“绊脚石”。2018年教育部印发《教育信息化2.0行动计划》指出，要积极推进“互联网+教育”发展，引导教育发达地区与薄弱地区通过信息化实现结对帮扶，以专递课堂、名师课堂、名校网络课堂等方式，开展联校网教、数字学校建设与应用，实现“互联网+”条件下的区域教育资源均衡配置机制，实现公平而有质量的教育[①]。在国家大力建设教育现代化、教育信息化的时代背景下，“互联网+教育”为民族地区教育发展带来一股新力量。当前，“互联网+教育”领域中，录播和直播的课堂形式深受学习者追捧，如慕课（MOOC）教学。这种课堂形式不仅有名校的优质学习资源，也可以让学习者远程参与学习。在此基础之上，一些优质学校通过互联网的形式，运用远程教育发起双师课堂，推进教育资源的共享以及教育公平的实现。双师课堂简单来说指“一个课堂，两个老师”，即以现代通信技术为基础，通过直播或者录播的形式将优质教育资源输送到薄弱学

---

① 资料来源：中国政府网http：//www.gov.cn/zhengce/zhengceku/2018-12/31/content_5443362.htm

校，优质学校教师（前端）和薄弱学校教师（远端）共同完成课堂，前端教师负责教授教学内容，并由薄弱学校的教师进行监管、答疑等工作的交互式协同教学模式①②。这种由两个教师构成的远程教学模式是我国独创的新型教学形态。双师课堂在我国已经建设了多个试点，并取得了不错的反响。这场由网线牵动的教育公平实验让缺乏优质教育资源的薄弱学校受益良多，也受到教育界的广泛关注。

第一节 双师课堂的历史沿革

双师课堂的突出特点是“双师教学”，国外将一个课堂两位教师的教学形式称为“Co-teaching”或者“Team-Teaching”。协同教学的相关研究最早产生于二十世纪50年代的美国，有“协同教学之父”之称的夏普林认为现代协同教学理念最早来源于十八世纪末的导生制，导生制又叫贝尔-兰卡斯特制，给教师配备助手分担教师教学任务的思想促进了导生制的产生③。Emest.K.F（1991）认为协同教学是一种教学组织形式，该教学组织形式通常由两位教师以及一个班级的学生组成。两位教师共同承担责

① 张巧文.基于“互联网+”的“双师教学”模式在乡村教师培训中的运用[J].中小学教师培训，2017（05）：20-24.

② 乜勇，高红英，王鑫.“双师教学”共同体模式构建：要素与结构关系分析研究[J].电化教育研究，2020，41（12）：65-70+78.

③ 滕静.新课改背景下协同教学问题的研究[D].扬州大学，2006年.

任，为所有学生或部分学生提供教学① 。Robinson（1995）将协同教学分为传统协同教学（traditional team teaching）、合作式教学（collaborative teaching）、辅助协同教学（complimentary/Supportive team teaching）、平行教学（parallel instruction）、分班教学（differentiated split class）和监督教师（monitoring teacher）等6类② 。韩国从1995年起就将协同教学应用到高中汉语教学上。课堂教学由中、韩两国老师共同承担。课前两位教师协同备课，共同完成教学内容、教学活动的组织、安排。课中有三种协同教学模式可供选择，一种是韩籍教师作为主讲教师，中国籍教师辅助教学；第二种是中国籍教师作为主讲教师，韩籍教师负责指导学生；第三种是韩籍教师与中国教师共同主导课堂，互帮互助完成教学。目前，采用第一种协同教学模式的课堂居多，在中韩教师共同作用下，韩国学生学习汉语的积极性和效率得到明显提高③ 。因此，早期的关于协同教学的定义研究主要局限于专业教师和语言教师之间的合作范畴。Rice.D.（1999）认为协同教学是一种教学过程，这一过程包括对融合教育环境中教师教学程序的重构，由两位或者更多有着不同专业背景的教师合作进行，两位教师共同对在学业和行为上有很大差异的学生进行教学④ 。研究表明，协同教学

① EMEST.K.F. Effectiveness of an interdisciplinary team teaching organization on student achievement and student attitudes toward school in selected middle schools, Doctor dissertation at the University of Idaho，1991，pp.40.

② ROBINSON.B.and SCHAIBLE.R.M. “Collaborative teaching: reaping the benefits” College Teaching，vol.23，no.12，(March 1995)，pp.15.

③ ALI IBRAHIM MOHAMMAD MIGDADI，ABDALLAH BANIABDELRAHMAN. The Effect of using Team Teaching on Jordanian EFL Eleven Grade Students’ Reading Comprehension and Their Attitudes Towards This Strategy[J]. Journal of Education and e-Learning Research，2016，3（2）：38-50.

④ RICE，D.and ZIGMOND，N.，“Co-teaching in secondary schools: Teacher reports and American classrooms，” Learning Disabilities Reacher and Practice，vol.23，no.5（November 1999），pp.190-198.

不仅对学生学习起着积极作用，对教师专业发展也起着促进作用。Cohen（2001）认为协同教学有很大的好处，包括教师教学技能的提升，促进教师专业成长的同时也为学生提供了更加优质的课程展示，教师们在整个协同教学过程中可以实现优势互补①。George的研究表明，通过协作，教师的教学技能得以拓宽，教师能够为了适应团队的共同目标而调整教学策略，在团队中促使教师不断反思教育思想与教学实践之间的关系，教师的专业技能也在这种思想的释放中得到提高②。综上所述，一个课堂，两个老师的教学模式已经受到国外教育界的认可。我国在发展双师课堂时也加入了自身的创新与探索，将教育公平建设纳入双师课堂的建设目标内，并开创性地以远程通信的形式来发展双师课堂。

谈及国内双师课堂的起步就不得不提到成都七中闻道网校和人大附中发起的双师课堂。21世纪初，远程教育正式出现在我国的教育界。《面向21世纪教育振兴行动计划》中专门设立了现代远程教育工程，在我国教育界受到广泛关注，也进行了许多探索与尝试。在远程教育领域最先取得成果的是四川省，成都七中东方闻道网校就是此时期的产物。2000年4月，成都东方闻道科技发展有限公司正式成立，明确公司以远程教育、软件开发及系统集成为主营业务。同年8月，四川省教育厅批准成立“东方闻道网际学校”。四川省是我国民族大省，山丘、盆地、高原的地形条件让四川省形成人员聚集地呈分散状，加之地质灾害频发、气候条件等原因，四川省大部分民族地区经济发展水平落后、教育水平落后、教育信息化发展水平落后。2000年12月，东方闻道科技发展有限公司同省民委联合制定

---

① COHEN，M.B.and DELOIS，K.，“Training in tandem：Co-facilitation and role modeling in group course work，” Social Work with Groups，vol.33，no.25（September 2001），pp.12.

② 李曦.综合课程协同教学模式研究[D].西南大学，2012.

《四川省民族地区现代信息网络与现代远程教育工程总体方案》(以下简称《方案》)，决定通过远程教育提升民族地区教育落后现状，提升教育信息化水平。2000年1月，四川省科技顾问团为《方案》开展组织了专家咨询会，确立以直播的形式在民族地区实施远程教育。3月，东方闻道公司的民族地区卫星远程教育系统方案通过论证，四川省政府将其纳入《四川省民族地区教育发展十年行动计划》实施。2002年，东方闻道公司在汶川组建直播教学试验网，直播教学的卫星网络初步形成。同年6月，东方闻道公司和成都七中合作成立"四川成都七中东方闻道网校"并被四川省教育厅正式批准，这是全国第一家具有中学学历教育的远程教育学校。自此，四川省民族地区远程教育拉开序幕。成都经济发展水平较高，教育资源优质，孕育了成都七中、成都实验小学等高水平中小学，和四川省的部分少数民族地区教育发展水平不高的状况形成明显差距。将省内的优质教育资源调动起来，输送到少数民族地区，促进教育资源的均衡发展，是四川省进行远程教育项目的美好愿景。2002年9月，成都七中东方闻道网校以卫星通信+互联网的远程教学模式正式开播，不仅面向四川省内，还惠及云南、贵州、西藏、甘肃等四个多民族省份的边远、民族地区的薄弱学校。成都七中作为前端学校采用现代通信教育技术，为远端学校在同一时间呈现出成都七中课堂教学的实况，主要包括课堂教学的图片、图像、文字、声音、视频材料和多媒体动画等教育教学资源；而远端学生在本校任课老师的指导下，实时参与课堂教学，该举措让边远、民族地区薄弱学校接触到优质教育资源，实现了不同地区学生"异地同堂"。这一模式真正实现了"一个课堂，两个老师"共同完成教学任务，带来了双师效应，因此，也可称之为远程双师课堂。

成都七中远程双师课堂教学在高中阶段的实施效果获得了民族地区薄

弱学校的认可，在高中远程双师课堂教学模式逐步稳定并经过一定改良之后，初中阶段的学生也迎来了录播式双师课堂，2011年，初中录播双师教学模式在四川甘孜州民族地区开播，成为民族地区初中教育均衡的重要措施，2012年，该模式正式推进小学课堂，发展出小学植入式教学，实现了小学、初中、高中基础教育远程双师教学全覆盖，为平衡教育资源、促进教育均衡发展、维护民族地区的社会稳定做出巨大贡献。成都七中远程双师课堂教学具有“双师”效应，但其未明确提出双师课堂这一概念。2013年8月，双师课堂项目在广西、内蒙古、重庆、河北、北京延庆等五个省区的十三所乡镇学校展开实施，之后便明确提出了这一概念。双师课堂是由人大附中、友成基金会和国家基础教育资源共建共享联盟共同发起并主办的新型教学模式，其是一种公益性的教学方式，旨在促进优质教育资源共享。其中，所谓的“双师”是指两位教师对一个班级展开教学活动，人大附中的老师负责主讲，通过远程双师课堂或录播进行；本班的任课老师负责辅助教学，其主要包括组织本班学生讨论、答疑和辅导等教学任务①。在人大附中的实验过后，各个教培机构的双师课堂正式上线，开始了双师课堂试点工作。据了解，双师课堂教学模式的相关试点工作先后在全国21省市开展，整体反馈意见良好。2015年，高斯旗下的爱学习品牌在深入研究教育行业的各项问题后开始尝试发展早期阶段的双师课堂教学模式。同年，学而思网校亦开始进行双师课堂的暑期试点工作。2017年，经过试点实验后的好未来和学而思等教育机构也开始推行双师课堂。根据2018年底高思公布的《双师课堂行业简报》显示，2018年国内双师课堂的开设课时已达到5000堂课，同比增加150%；同年参与双师课堂教学的

① 梁宇.双师教学：“互联网+教育”下的乡村教师培训新模式[J].中国成人教育，2017，No.430（21）：134-136.

学生人数为20万人，同比增长为233%[①]。至2019年，双师课堂已经在各个城市遍地开花。不过，教培机构的双师课堂和先前谈到的“远程双师直播教学”和“人大附中双师课堂”也有一定的不同。教培机构的双师课堂主打名师教学，将平时接触不到的优质教师通过线上设备远程带到学生面前。教培机构双师课堂最大的特点在于主讲教师不用带“前端班级”，教师专门针对远端学生进行授课，如新东方双师课堂所推出的双师课堂，一名学生配备两名老师，前端老师为主讲教师，远端教师为学习管理师[②]。双师课堂教学自2002年出现以来取得了良好的效果，截至2018年，已经覆盖了包括四川、云南、贵州、山西、甘肃、青海、江西、广西、重庆等多省市在内的600多所学校，创造了239所普通高中同时在线学生7万多名、教师6000多名，288所初中学校录播学生8万多名，128所小学植入式教学学生近6万名的庞大学习规模，双师课堂教学成效日益彰显[③]。

第二节 双师课堂的内涵与价值

作为牵动教育公平的教学新形态，双师课堂呈现出不同于传统教学的核心内涵，主要表现为：学习内外的相互统一、远程传播的技术支持、两端教师的协同合作、师生交互的形式多样。这使得双师课堂兼具传统教学

① 中国教育在线.高思爱学习发布《双师课堂行业简报》— 双师双赢，未来可期[EB/OL].（2018-11-09）https：//gaokao.eol.cn/bei_jing/dongtai/201811/t20181109_1632331.shtml.

② 资料来源：新东方网https：//www.xdf.cn/anyang/

③ 张杰夫：全日制远程教学研究[M]，北京：北京师范大学出版社，2018：42.

以及远程教学的双重特点，拥有其他单一教学形式不可比拟的优势。在助力我国教育公平发展的同时，双师课堂也将受益方从学生逐渐扩大到远端学校以及教师。

一、双师课堂的核心内涵

（一）学习内外的相互统一

双师课堂使得参与学习的学生实现了学习资源统一、学习进度统一与学习习惯统一。薄弱学校既存在于广大农村地区，也存在于城市中，它们所具有的主要特征有办学基础条件薄弱、教育资源薄弱、师资力量薄弱、教育质量不高[①]。尤其在民族地区，由于地处偏僻、经济落后的现实情况，民族地区的薄弱学校普遍存在，而双师课堂的介入为这些薄弱学校带来优质的教育资源和师资力量，强力弥补了薄弱学校的致命短板。在学习资源上，优质师资力量实现了时间和空间上的跨越，落地于薄弱学校课堂，实现了薄弱学校和优质学校在师资力量上的统一。不同地区的学生使用的教材等一系列的资源整体上内容虽相同，但在细节上也有差异，使得远端学校和前端学校的接轨上存在问题。因此，双师课堂就要求远端学校和前端学校使用同样的教学资源，从教科书到教辅书再到课堂使用的教学工具都实现了高度一致，以确保课堂的正常进行。在学习进度上，远端学校要跟随前端学校的学习进度，包括课程安排、课程作息、课程内容的一致。远端学校要为直播班双师课堂的开展做出准备，为直播班量身定制和前端学

① 樊改霞，陈祖鹏.多维视角下我国农村薄弱学校建设路径研究[J].教育探索，2016（03）：45-51.

校一样的课表、作息等安排，学习内容也要根据前端学校的直播班进行统一安排。在学习习惯上，不同学校对于学生的课下学习做出不同规定，如课提前预习、作业考试化等细节性规定会随着双师课堂的开展落实到远端学生的学习日常中，由前端学校带动远端学校学习氛围的养成，形成习惯上的统一。成都七中东方闻道网校就具有“四个统一”和“四个同步”的特征，“四个统一”即统一课表、统一作息时间、统一教学安排和统一课堂教材。“四个同时”即同时授课、同时备课、同时作业和同时考试。简而言之，除了学生不同，其他方面尽可能的相同是双师课堂的最大特色。

（二）远程传播的技术支持

在信息化水平不足的广大贫困地区会出现由信息传播设施匮乏、有效信息供给不足、信息利用率低下而导致的“信息贫困”情况。2018年国家信息中心发布了全国信息社会测评数据，数据包括我国336个地级城市的信息社会发展水平评估。在此基础上，郑素侠和宋扬通过对信息社会发展测评数据进行分析绘制出信息贫困空间分布，其中，15个绝对信息贫困地区中，少数民族聚集地占据8个，并得出我国信息贫困和物质贫困在空间分布上存在一致性的结论[①]。少数民族地区相较于其他地区经济发展水平确实存在差异，这也意味着，一方面，少数民族地区的信息化水平在一定程度上低于其他地区。另一方面，少数民族地区内部也存在经济水平差异。双师课堂想要在持续稳定的情况下走入少数民族地区的薄弱学校就势必要解决双师课堂的远程传播问题。因此，成都七中东方闻道网校采用了卫星技术和互联网技术相结合的方法开展双师课堂。卫星通信技术从空

① 郑素侠，宋杨.空间视野下我国信息贫困的分布特征与政策启示[J].现代传播（中国传媒大学学报），2019，41（07）：21-27.

中覆盖，不受地形、人员分散的影响，是目前我国覆盖面最广的信息传播技术。前端学校和远端学校分别配备完整的技术系统，借助卫星通信技术将成都七中的教学全程、全面、完整地呈现在合作学校的常规课堂。双师课堂对于互联网的应用体现在多媒体应用平台、教师交流等方面。双师课堂采用了东方闻道多媒体双师课堂教学平台，该平台具有“与前端进行实时通讯，接收并播放前端音频、视频、屏幕，并与前端开展音、视频交互”等功能。东方闻道公司也为双师课堂配备了专用软件全程服务两端师生，教师们也会利用互联网在社交平台上进行相关交流。综合以上，双师课堂的远程传播模式主要依赖于科技发展带来的技术革新，双师课堂实施全程需要系统的技术支持。

（三）两端教师的协同合作

双师课堂的完整呈现离不开两端各个教师的协同合作。成都七中闻道网校具有“四位一体、四个同时”特征。“四位一体”指前端教师、远端教师、把关教师、技术教师四位一体，分工协同；“四个同时”指同时授课、同时备课、同时作业和同时考试。前端教师负责主讲、对本节课进行系统讲授，全程围绕着自己本班的学生展开。前端教师讲课的PPT课件会同步到远端教室的投影幕布上，其讲课过程也会以视频小窗口的形式出现在投影幕布上，为了不影响远端学生观看PPT上面的内容，前端教师的视频小窗口会灵活地切换到上下左右的某一个角落上。远端教师负责监督、辅助，针对前端教师讲授的内容以及远端学生的听课情况，对远端学生进行辅助教学。在双师课堂教学过程中，远端教师不仅要扮演好学生的辅导者、管理者，还要时刻把握学生的听课效率，并进行及时的师生互动。远端教师会巡查课堂，既督促远端学生专心听讲，又能发现学生存在的问题。远端教师主要在针对以下情况会进行辅导：第一，当前端教师讲课比较枯燥，在部分学生犯困的时候，远端教师会立即让学生起来站着听课，甚至让学生绕着教室走两圈，这样学生的精力就很旺盛了；第二，个别同学对某一个知识点不够明白，教师就会给他进行课堂辅导。把关教师由资深教师或教育专家担任，负责对前端授课把关、指导，确保全段课程的高质量产出。技术教师由成都七中闻道网校的技术人员担任，负责通过设备实现远程传播、设备支持、设备维护等工作[①]。前端教师和远端教师在课前也担任着协同备课的任务。“双师”共同探讨本周的教学内容及教法学法，备课会采用“一对多”的模式进行，即前端教师是成都七中某科目的授课教师，远端教师是各个远端学校某科目的教师。

（四）师生交互的形式多样

不同于传统课堂上的实时互动，双师课堂以卫星通信技术和互联网为载体，课堂主体也由教师和学生转换为前端教师、前端学生、远端教师、远端学生，师生之间的互动形式也有所改变，主要有实时交互、虚拟交互、替代交互、转移交互四种[②][③]。实时交互指前端教师通过双师课堂采用的双星卫星系统与远端学校学生进行音视频教学问答，但是在双师课堂实施过程中，实时交互并不能完全达到预期。前端学校一个直播班对应的是几十个不同地区、不同民族的远端班级，导致前端教师无法做到和学生一对一的交流，因此实时交互很难实现。虚拟交互指远端学生跟随前端教师的上课节奏进行相应的互动，以增加学生课堂参与感。学生在课堂上的

---

① 张杰夫：全日制远程教学研究[M]，北京：北京师范大学出版社，2018：76–77.。

② 张杰夫：全日制远程教学研究[M]，北京：北京师范大学出版社，2018：79–81.

③ 任旭东.全日制远程直播教学的实施与效益[J].地理教育，2015，No.249（03）：9–10.

回答和反应并不能反馈到前端教师面前，而是学生们的单方面互动，被称为虚拟交互，虚拟交互下学生会受到前端教师并不能给予针对性回应的影响，未能形成良性循环，因此在双师课堂中，不张嘴的学生也大有人在。替代交互指以学生代表代替持有相同观点和问题的远端学生执行和前端教师交互的任务，替代交互可以使远端学生的共性问题得以解决。转移交互指将远端学生和前端教师的交互转移为远端学生和远端教师之间的交互，以弥补前端教师和远端学生实时交互开展的不足，这是双师课堂师生交互最常用也是最重要的交互方式。远端教师在进行转移交互时也要注意时机和方式，避免对远端学生的学习造成影响。

二、双师课堂的价值旨归

（一）从“传统”到“双师”：自身价值的呈现

双师课堂相较于传统教学模式或者单纯线上教学有着本质性的区别，而其在教育领域中的应用优势主要体现在三个方面：其一，双师课堂具有共同经验优势。长期师生线下互动经验与前端教师丰富教学经验在双师课堂教育模式下可以形成有效互动，远端教师在开展线下教学时可以借鉴前端教师教学经验开展专业性课堂教学，且可以对前端教学中教学节奏难以达成普适性的问题起到辅助性解决作用。前端教师在开展线上教学时可以通过与远端教师的沟通更了解学生对于教学内容的真实状态，从而更加合理地调整教学节奏与教学内容。第二，双师课堂具有双向信息传播优势。教育主体地位的回归使当前教育更侧重于建立有效的师生互动渠道，在一定程度上也可以解释传统课堂教学长期存在的合理性在于面对面教学的信息双向捕捉[①]。在单纯的线上教学中，教师了解学生对于教育内容的掌握状态仅能通过布置教学任务进行，难以保障对其真实性的了解，且师生之间往往因为空间隔离而产生距离感，教师难以根据学生实时状态及时调整教学节奏，教育主体的需求无法得到实现。在双师课堂中，远端教师则可以针对线上教学存在的沟通有效性问题加以解决，帮助前端教师更好地掌握学生学习状态以及反馈真实的学生学习需求，从而建立有效的双向信息传播渠道。第三，双师课堂具有模式推广便捷优势。单纯的线上教学的实施主体不确定，教育企业、高校等均可成为线上教学的发动者，教育主体的接受形式各异，因此难以形成规范化、统一化发展模式。从现有的双师课堂实践经验来看，双师课堂的发动主体主要为电信企业，电信企业同具有优质教育资源的高校或教育个体之间达成合作关系，由电信企业负责在现有服务平台基础上专门创设双师课堂教育频道，高校与教育个体在双师课堂教育频道提供优质课程资源，任何人均可通过缴纳一定的宽带服务费方式在双师课堂教育频道查阅优质课程资源，从而实现优质课程资源的共享[②]。

（二）从“差异”到“均衡”：助力教育公平工程

习近平总书记在2015年致国际教育信息化大会的贺信中指出，要通过推进教育信息化“大力促进教育公平，让亿万孩子同在蓝天下共享优质教育、通过知识改变命运。”双师课堂教学模式是一种旨在促进教育均衡

---

① 雷励华，左明章.面向农村教学点的同步互动混合课堂教学模式研究[J].电化教育研究，2015（11）：38-43.

② 周方苗，何向阳.以双师课堂实现优质教师资源共享的实践研究[J].中国教育信息化，2020（05）：45-49.

的、公益性的、创新性的教学方式，这种教学模式的有效应用可以快速且低成本地提高少数民族地区的教育水平，对于解决民族地区基础教育师资质量不高、数量不足与优质教学资源匮乏等问题具有现实意义。双师课堂能够有效促进教育起点公平。教育起点公平旨在消除由地域、家庭、经济、性别、文化等客观因素造成的影响，确保每个个体都享有平等的受教育的权利和机会。由于区域经济发展不平衡，我国东西部之间、各区域之间存在着比较严重的教育失衡现象，教育起点存在差异成为社会常态①。双师课堂打破了原有的地域和校际壁垒，消解了过去以优秀教师资源为核心的优质教育资源垄断对教育公平的制约。双师课堂使教育资源产生非独占、可复制的特性，实现了对优秀教师资源、优质课堂资源的共建共享。双师课堂所实现的教师远程同步授课，配合恰当的教学设计，教师资源也能够实现两地甚至多地共享，扩大优质师资的辐射面，即使是偏远学校也可以通过双师课堂共享最优质的课程和最优秀的教师。这在起点上缩小了城乡教育资源的差距、拓宽了师生知识获取渠道，对教育内外部公平土壤的塑造有着积极意义②。

（三）从“数量”到“质量”：弥补薄弱学校师资力量不足

民族地区教育薄弱学校长期存在师资力量不足的短板，这种不足不仅表现在数量上，也表现在师资质量上③。师资是教育能够均衡发展的关键

---

① 熊才平，丁继红，葛军，胡萍.信息技术促进教育公平整体推进策略的转移逻辑[J].教育研究，2016，37（11）：39-46.

② 金久仁.信息技术促进教育公平的耦合可能与限度约束[J].现代远程教育研究，2022，34（04）：55-64.

③ 陈荟，吴炎.民族地区义务教育学校标准化建设问题研究——基于四川甘孜藏族自治州的考察[J].民族教育研究，2016，27（05）：54-60.

所在，师资力量的不均衡，直接制约着教育均衡发展的实现。如何实现优质教育资源的调配，使优质教师资源的影响力大范围传播是实现教育均衡发展首要解决的问题，而双师课堂能够在一定程度上解决这一问题。双师课堂通过通信技术将优质课堂实时传播到民族地区，让薄弱学校的学生体验到截然不同的课堂，接触到经验丰富、能力出众的教师，也为薄弱学校的教师创造出独特的专业成长环境，为师资质量的提升开辟了新路径。双师课堂最直接解决的问题是薄弱学校优质教师资源数量不足的问题。参与双师课堂前端课堂的教师均是一流学校的名师，双师课堂的开展意味着可以直接将最优质的且数量足够的名师输送到薄弱学校，这使得薄弱学校在自身师资的基础之上直接引进了大量优质教师，补齐了自身优质教师数量不足的短板。双师课堂使用最低的成本让一流学校的教师跨越空间上的制约，直接、高效、远程走进民族地区薄弱学校的课堂，真正实现了教师的远程调配、异地帮扶，这是弥补民族地区师资力量不足的有力措施。双师课堂能够在一定程度上间接地解决薄弱学校教师质量不高的问题。双师课堂的直接受益方不仅仅是学生，还有薄弱学校的教师。双师课堂的有效实施离不开两端教师的密切合作，在课前、课中、课后，两端教师都要进行交流协作，这为远端教师提供了“陪伴式成长”的环境。双师课堂“四个同时”的特征要求两端教师在课前需要进行共同备课。在备课过程中两端教师会针对课程内容等进行讨论沟通；前端教师在上课过程中，远端教师需要全程跟随以完成辅导学生、监管学生、与学生互动的任务，而在此过程中，远端教师会处于观察学习的状态。根据班杜拉的社会学习理论可知，学习者可以通过观察重要人物的行为来习得行为。因此，远端教师在课中也可以从多个方面吸取经验，课后，两端教师也会进行私下的交流。课前、课中、课后的全方面合作对于教师的专业理念、专业知识、专业能力等方面都有着很大的提升[①]。

（四）从“成绩提升”到“全面发展”：素质教育的隐性实施

双师课堂向薄弱学校输送优质教育资源，产生的最直观的结果就是学生成绩的大幅提升。正如四川甘孜州康定中学校长所言：“远端课堂的师生们在‘双师教学’实践中获益良多。以前，学校教育教学质量比较低，考上本科的学生一年不足50人。现在，每年有几百人升入本科，有很多都进了名校！”实施双师课堂的多个案例学校证明双师课堂对学生成绩的提升存在积极影响。优质的教师资源和学生成绩有着直接关系，在教师和学生不断磨合的过程中也会与学生的成绩产生联动。双师课堂在带来优质教师资源的同时，也会为远端学生们带来更优质的学习资料以及不同于原来的学习风气。能力出众的教师、精心编制的资料、巨大的学习强度都在不同层面上助力着远端学生成绩的进步。除学习成绩外，远端学生也跟随不同于自身的学习群体学习到了其他的内容。在学习细节上，不同学校有不同要求，也会形成不同氛围。如学校要求的不预习不进课堂、错后再考要能拿到100分、做作业要考试化等，这些细节上的要求不仅让学生取得更好的学习成绩，也让学生们学会更有效的学习方法以及自主学习等良好的学习习惯。参加双师课堂也让学生们见识到了不一样的世界，这有利于激发学生的上进心以及尊重差异，包容不同的共情心。双师课堂将远端学生接触不到的课堂原汁原味地呈现出来，开阔了学生的视野，也促进了学生综合素质的提升，实现了素质教育的隐性实施，有益于学生的终身长远发展。

---

① 钟志勇，何文滢，陈烨.双师课堂助推民族地区教师专业发展：优势与问题——基于云南迪庆D中学的个案研究[J].民族教育研究，2022，33（04）：75-84.

（五）从“输血”到“造血”：远端学校可持续性发展

双师课堂的实践路径为从帮扶到自我成长。前期，双师课堂会“输入式”对远端学校进行帮扶，随着双师课堂的深入发展，帮扶会逐渐转变为远端学校自身的成长。从教学层面来看，在我国的中小学中，普遍存在一个教师带多个班级的情况。双师课堂对教师专业理念、专业知识、专业能力的积极作用，可以通过教师的教学行为反馈于非直播班的学生。教师在直播班吸收到的教学经验、教学技巧、教学思维也能够在简单加工后迁移于非直播班，带动非直播班的成绩提升。对于非直播班来说，在习惯于教师一贯的教学风格后，见识到新的风格、新的方法，也有利于激起学生的学习兴趣。另一方面，前端学校所用的教辅材料、试卷等都可以在教师的二次加工后给非直播班学生使用。而非直播班相对于直播班来说教师教学自主性更大，教师有更大的发挥空间，使非直播班的课堂更趋于系统连贯，取得更优质的教学效果。由一个直播班到多个非直播班，由课堂到教师再到学生，形成由点到面的受益链条，促进学校整体的提升与进步，是双师课堂教学模式利益最大化的效果呈现。四川凉山州雷波中学校长徐华说：“通过成都七中的远程帮扶，我们实现了与最前沿教育理念、教育信息的接轨，加快了成长的速度，提升了认识高度，扩展了成长的实力，学生综合素质得到了提高，实现了质的飞跃，我们学校也有幸被评为全国文明校。”从学校管理层面来看，双师课堂也为远端学校传递了先进管理理念。远端学校在适应双师课堂的过程中不断适应远程教学的高效管理要求，带动了远端学校整体管理效率的提升和教学管理机制的建立，形成了以远程教学为抓手，推动学校教学管理持续发展的态势。

第三节　双师课堂的理论与实践

双师课堂亦称“双师教学”“远程直播教学”，师亚飞等人在混合同步课堂的研究中指出双师课堂也可以称为“教育公平取向的混合同步课堂”[①]。名称不同，但均是“一个课堂，两个老师”，且通过现代通信技术进行课堂转播的模式。我们将双师课堂所有研究进行汇总归纳后发现双师课堂已有研究主要聚焦于课堂交互、课堂实效、自身建设、教师专业发展四个方面，专门针对民族地区实施双师课堂的研究相对较少。

一、双师课堂互动探析

双师课堂中存在四种交互模式：实时互动、虚拟交互、替代交互、转移交互。交往互动是教与学关系的基本呈现方式和存在状态，在教学实施中的交往和对话能够让教学要素之间的思想产生碰撞，从而激发学生学习的积极性，提高教学效果[②]。也有学者指出，在线互动中的情感交互体验能够有效增强学生的学习能力，减少学习中的负面体验[③]。“师生交互”作为双师课堂远程教育的重要一环，已然成为影响双师课堂深入推进并产生教育实效的重要因素。双师课堂兼具传统教学和远程教学的双重特点，拥有着外在的“物理距离”和内在的“心理距离”。双师课堂的复杂性给师

---

① 师亚飞，童名文，王建虎，孙佳，戴红斌，魏艳涛.混合同步学习：演进、价值与未来议题[J].电化教育研究，2021，42（12）：100–107.

② 李燕芳.远程直播课堂互动教学模式设计[J].福建广播电视大学学报，2007，No.61（01）：39–42.

③ HOLMBEG，B.（1995）.Theory and practice of distance education. London：Routledge.

生之间的有效交互带来更多的影响和阻碍，因此，双师课堂中师生交互模态是怎样的，如何促进师生之间开展有效互动成为学者们共同关注的问题。李小娟和刘清堂等人结合多模态话语分析理论构建出双师课堂师生多模态交互分析框架，刻画出双师课堂师生交互模式前期接受技术、中期适应教法、后期双师协同的发展过程①。姜晓曼则将双师课堂交互模式归纳为“一体双翼”，学生为“中心体”，两端教师为“双翼”，共同推进双师教学的开展②。两者分别从不同的角度概括出了双师课堂交互的实践模式。双师课堂存在四种交互模式，但在实践中四种交互模式仍满足不了现实需求。结合相关研究，笔者发现，师生交互不足主要原因有以下四种：教学信息化环境存在缺陷、交互内容深度不足、两端教师配合不足、远端学生参与感不足③④。关于如何提升师生交互的策略，学界内则从平台建设、双师协调、学生自身三个角度出发。在平台建设方面，双师课堂的运行保障和技术支撑要结合远端学校实际情况进行维护和改善，同时要加强对连贯教师信息化技能的引导，建设好师生交互的外部保障。在双师协调方面，两端教师在不断提升自身教学素质的同时也要做好双师协同工作，针对学生实际情况进行教学设计，优化协同备课机制，在课前、课中、课后三阶段实现通力合作。在学生自身层面，要求学生树立良好的学习态度，为学生建立奖励机制，鼓励学生参与交互，以及加强学生之间的团体交互

---

① 李小娟，刘清堂，吴林静，苗恩慧，张喜俊.混合同步课堂中师生多模态互动行为的动态协同分析[J].电化教育研究，2022，43（08）：43-50.

② 姜晓曼.“双师教学”互动模式建构与实践探索[J].中国教育信息化，2021，No.503(20)：17-20+75.

③ 张成友.同步课堂教学互动策略探究[J].中国信息技术教育，2022，No.386（11）：91-93.

④ 梁会师.“同步课堂”教学互动存在的问题与解决策略[J].内蒙古教育，2021，No.848（33）：48-51.

以弥补师生交互的不足。

二、双师课堂教学实效

双师课堂能够弥补薄弱学校师资力量不足、教师专业培训不足以及教学资源不足等问题，真正实现优质教育资源的共享，推进教育公平。但是在当前研究中较少从双师课堂的实施是否能在学生层面产生实效角度进行论证，双师课堂能否使学生的成绩得到有效提升，双师课堂是否适用于全科教学等，这些都是值得关注的重点问题。在现有的文献中，杨俊峰、崔丽霞等人针对小学语文课堂实施双师教学进行前后测，发现学生的语文成绩得到显著提升①。李然等人通过实验法、比较法针对三所乡村小学英语课堂实施双师课堂的成效进行研究，通过前后测得出，实施双师教学能使英语成绩得到明显提升，且各个年级英语成绩进步的学生也大有增长。通过对照班成绩对比发现，英语课堂实施双师教学的学校总体排名明显提升②。该研究充分证明双师课堂的实施能够提升学生的英语成绩以及对英语的学习兴趣，但这并不意味着双师课堂在其他科目上也能够取得相同效果。陈超凡、关成华等人对双师课堂与学生语文、数学、英语成绩进行研究发现：双师课堂能够对学生主科成绩和数学成绩产生积极影响，但对学生的语文和英语成绩没有显著影响，双师课堂的长期实施结果有待考

---

① 杨俊锋，崔丽霞，吴滕，潘慧，洪河条.混合同步网络课堂有效性的实证研究[J].电化教育研究，2018，39（12）：50–56+77.

② 李然，宋征莉，金明花."双师课堂"助力乡村小学英语教学——基于贵州、四川、新疆25所乡村小学的实证分析[J].陕西学前师范学院学报，2021，37（07）：125–132.

察[①]。综合以上两项研究发现：双师课堂的实施确实能够为学生构建良好的学习氛围，提升学生的学习兴趣和学习效率。然而，双师课堂成效也会由于地区不同、学校不同、学生不同等原因产生差距，因此，在双师课堂成效问题上还是要坚持具体问题具体分析原则。双师课堂在具体实施过程中会存在“水土不服”的情况，使课堂效果不佳，如对于英语基础薄弱的学校，就无法直接使用全英教学。综上，在双师课堂具体实施过程中还要结合学校自身情况进行一定调整，将其本土化发展以产生教学实效。

三、双师课堂自身建设

双师课堂自身建设是双师课堂相关领域研究中成果最多的主题。双师课堂完善自身建设需要在实践中厘清架构，发现问题，解决问题。将各个学者的观点进行归纳，通过总结发现，关于双师课堂自身建设的研究均从双师课堂本质要素以及实践困境来进行。关于双师课堂本质要素的研究，学者们已经达成较为一致的观点，即双师课堂是一个完整的系统结构，包含教师、学生、技术等要素，如乜勇、高红英等人摒弃从师生身上进行研究的传统视角，将双师课堂视为学生、教师、学校、转接团队、技术团队构成的系统，提出“3T–2S–1E双师教学”共同体结构，并从构成要素和结构两个维度对模式进行分析，探究内部结构及作用关系[②]。李梦也将双师课堂分为两端教师、两端学生以及双师课堂技术系统等要素[③]。关于双

① 陈超凡，关成华，汤学黎.信息技术辅助教学能提升落后地区学生的学业表现吗？——来自华北某县智慧课堂和双师教学项目的证据[J].教育与经济，2022，38（04）：60–71.

② 乜勇，高红英，王鑫.“双师教学”共同体模式构建：要素与结构关系分析研究[J].电化教育研究，2020，41（12）：65–70+78.

③ 李梦.同步互动课堂教学模式建构及实践研究[D].华中师范大学，2015.

师课堂实践困境的相关研究，大部分学者根据双师课堂在具体实践过程中呈现的问题进行梳理并给出相关建议，主要包含三方面：第一，共进机制的缺失。薄弱学校在接受前端“帮扶”时会自动将自身地位放低，丧失一定主体性，且在双师课堂中薄弱学校对前端的依赖性较强，持续性较差，双方的共进机制构建受到影响[①]。第二，师生情感联结的断裂。出现该问题的主要原因还是师生交互效果不足，双方情感基础差[②]。第三，双方学生学情差异大。关于双师课堂实践困境突围策略的研究，大部分研究均是从政策、教师等方面进行探索。如政策上，应建立相应的政策照顾以及激励策略以激发相关人员的积极性；双方教师应从自身角度出发，做好相应的处理。以上对策均从单个角度进行优化，并未考虑到双师课堂作为一个完成的系统应如何调动各方共同解决问题，因此，在制定相关战略时应多从整体角度进行调整，增强双师课堂系统各要素之间的黏性。综上所述，双师课堂作为一个完整的系统已经受到专业人士一致的认可与推崇，但在双师课堂落地实施的现实情况下仍然存在许多问题需要解决。

四、双师课堂教师专业发展

目前，学者们对民族地区教师专业发展的内在问题看法不尽相同。如石烨指出，民族地区教师较低的自我反思与评价、自我成长意识、职业认

---

① 周海军，杨晓宏，俞树煜. 均衡发展背景下的“双师教学”：困境与突围[J]. 中国远程教育，2022，No.571（08）：35-41.

② 张靖，郑新. 教学关系视域下的双师课堂：特征、问题与优化策略[J]. 电化教育研究，2022，43（10）：19-25.

同感、文化认同感和自身的专业素养显著影响了教师的专业提升①；王泽美通过对影响农村教师专业发展的因素展开深入探讨，认为教师的实践经验、自我效能感、职业热情、合作意识是教师专业发展主要的内在影响因素②；矫立中华在现状调查中总结得出教师的教育信念、知识结构、教学能力素养、专业发展意识是影响农村教师专业发展动力的内部问题③；曾翠则通过深度访谈与系统分析认为农村教师发展自觉意识缺失、自我教育不足、自我效能感低是教师内在发展动力缺失的原因④；陈怡静则从教师自身的入职动机、职业理想和职业适应情况三方面剖析了对教师专业发展的影响⑤；胡艳明指出教师内在的教育理念、知识水平、教学技能、教学经验、专业态度将直接影响农村少数民族双语教师专业发展⑥；此外，乡村或民族教师的身份认同危机⑦、专业理想缺失⑧、较低的从教兴趣⑨、不

---

① 石烨．民族地区农村中小学数学教师专业成长现状及支持体系研究[D].西北师范大学，2020.

② 王泽美．农村优秀教师专业发展影响因素的质性研究[D].沈阳师范大学，2018.

③ 矫立中华．农村教师专业发展动力问题研究[D].哈尔滨师范大学，2016.

④ 曾翠．农村小学教师专业发展内在动力缺失研究[D].西南大学，2014.

⑤ 陈怡静．农村小学特岗教师专业发展现状及其影响因素的调查研究[D].重庆师范大学，2014.

⑥ 胡艳明.新疆农村少数民族双语教师专业发展的影响因素探析[J].新疆教育学院学报，2015，31（04）：5–8.

⑦ 付光槐，严鹏.乡村振兴背景下乡村教师本土化发展的价值、优势与路径[J].教育理论与实践，2021，41（31）：42–47.

⑧ 辛宪军.乡村教师专业自主发展路径探析[J].教育评论，2018（01）：100–104.

⑨ 段志贵，陈馨悦.优秀乡村教师专业成长的个体特征与影响因素[J].淮阴师范学院学报（自然科学版），2022，21（02）：164–168+188.

清晰的职业规划[1]、方法依赖[2]等均是影响教师专业发展的内在问题。总体来看，教师专业发展的内在影响因素可大体分为五个方面：第一，专业素养，即包括教师自身的知识结构、知识水平、教学技能、实践经验、综合素质等。第二，自我反思与评价，即指教师能够对自己的教学目标、活动组织与实施过程、学生的学习效果等方面进行自主反思和合理评价。第三，自我效能感，即教师对自己完成教学活动所具有的能力判断、信念或主体的自我把握与感受。第四，职业认同，即教师个人对自己身为教师的整体概念的认知，是在具体情境中的觉知。而教师建构角色责任与权利的过程，即是建构专业认同的过程。在民族地区学校场域中，教师往往认定自己是文化与价值观传承的代理人、社会精英或知识分子。第五，自我追求，即教师对自身的未来发展的选择与追求，包括教师专业发展的责任意识、职业热情、职业理想、职业规划等。

双师课堂改变的不仅仅是学生的命运，这块屏幕真正的功劳是助力教师的专业成长。双师课堂助力教师的专业发展相关研究均从教师专业能力成长以及教师培训两个角度切入。认知学徒制是指从新手成长到专家的过程中，学徒们通过观察、模仿师傅的专业工作等方式来获得成为专家所需要的知识与技能[3]。双师课堂为远端教师的专业发展提供了研修场景，以前端教师为“专家”，以远端教师为“学徒”，形成认知学徒制在教师专业发展上的落实路径。在此过程中，前端教师和远端教师在共同教学目

① 钟磊.用信息化撑起民族地区音乐教师发展新天地[J].中国民族教育，2021,（10）：56-57.

② 李桃.语言扶贫中语言资源的价值研究[J].辽宁师范大学学报（社会科学版），2022,45（01）：123-129.

③ 乔纳森.学习环境的理论基础[M].郑太年，任友群，译.上海：华东师范大学出版社，2002：28

标的基础上奉献自身的知识和经验，并从彼此的经验中取长补短，获得自身在专业能力上的成长[①]。也有学者通过问卷探明了双师课堂对教师理念、专业知识、专业能力上的积极影响，在专业理念上，前端不同于远端教师的教育理念让远端教师看到了对待学生的多种方式以及更优越的教育效果，远端教师在对待自身、学生、教学的方式以及态度上都发生改善，其教师观、学生观、教学观不断优化；在专业知识上，前端教师对于高考学习内容的精准把握以及综合的思考方式也让远端教师在对专业知识的把控上更准确；在专业能力上，远端教师对于前端教师替代性教学经验的积累，让远端教师授课时拥有更丰富的经验以及更恰当的教学处理方式[②]。在双师课堂助力教师培训上，梁宇指出双师课堂实现了教师专业成长的长期陪伴，有效扩大了教师培训的规模，并降低了教师培训的实践和成本，实现教师边学边教[③]。正如成都七中校长易国栋所说，双师课堂不仅让学生受益，也真正帮助了教师，让远端薄弱学校实现“输血”到“造血”的转化。

---

① 胡悦，李葆萍，张婧，陈玲．“双师课堂”助力教师专业发展的模式和建设路径分析[J]．中小学信息技术教育，2022，No.251（11）：5-7.

② 钟志勇，何文滢，陈烨．双师课堂助推民族地区教师专业发展：优势与问题——基于云南迪庆D中学的个案研究[J]．民族教育研究，2022，33（04）：75-84.

③ 梁宇．双师教学：“互联网+教育”下的乡村教师培训新模式[J]．中国成人教育，2017，N0430（21）：134-136.

第四章　民族地区中学双师课堂的调查实施

本章将进行民族地区中学双师课堂个案分析，对成都七中网校全日制远程双师课堂在云南省迪庆藏族自治州D中学的实施情况进行全面深入的调查分析，探讨双师课堂在民族地区中学实施的优势和问题。

第一节　个案学校的选择

一、个案学校基本情况

D中学是云南省迪庆藏族自治州的一所省定、州属全寄宿制公办中学。迪庆藏族自治州位于以藏族为主、多民族聚居的青藏高原地区，由于其地理位置的限制，该地区优质教育资源稀缺，教育质量问题成为该州亟待解决的问题。D中位于滇西北迪庆藏族自治州州府香格里拉县城城北，海拔3300多米，占地136亩。学校始建于1981年，1983年开始正式招生。学校始终按照“面向农村、面向边远地区、面向少数民族地区”的招生原则，实行定向招生，高中民族生定向到县、初中定向到乡镇，并且农村户口的学生占招生总数的80%以上，少数民族学生占招生总数的95%以上，主要招收全州边远贫困地区的少数民族学生，由藏、傈僳、纳西、白、普米、回、苗、怒、汉等十种民族构成。学校于2005年实行了初、高中分离办学，于2007年被云南省教育厅认定为“一级完全中学”，目前已发展成了全州唯一一所优质高中。近几年随着学校规模不断扩大，教师数量也有所增加，截至2019年7月全校教职工266人，但师资整体素质仍然有待提升，为此，学校也在为不断加强教师队伍建设而努力。

二、个案学校双师课堂项目

为提高办学水平和教育教学质量，近年来在州政府的大力支持下，通过州教育局和D中学的不懈努力，省教育厅等相关部门批准了D中学引进成都七中网校远程双师课堂教学的方案。2014年9月，D中学成功加盟成都七中东方闻道网校，成为了一所远端学校。学校于2014年与成都七中合作开设了第一届文、理科卫星双师课堂班，利用成都七中优质教育教学资源，实施培养优秀学生的计划。开始引进双师课堂时，高中每个年级文理各开设一个班级，到第四年高一年级文理各开设两个班级，到第六年，学校总共开设八个双师课堂班，其中高一年级四个，文理各两个；高二年级两个，文理各一个；高三年级情况与高二年级相同，三个年级参与双师课堂教学学生人数四百人左右。双师课堂班的数量不断扩大、参与双师课堂教学的学生数量不断增加，这在一定程度上反映出双师课堂教学自2014年实施以来取得了一定的成效，学校管理者总体上比较认可双师课堂教学。2019年的高考，D中学双师课堂教学理科班的同学以高分考入清华大学，为D中学乃至整个迪庆州创下新的记录，学校于校园内宣传栏、校园公众号都张贴着喜报，双师课堂的效应也随着喜报宣传开来，使得D中学所有学生家长都渴望把自己的孩子送进双师课堂班级。为了满足多方需求，学校在2019年的招生计划中决定继续与成都七中网校合作并增设双师课堂教学班级，随着班级规模的扩大，远端教师数量的增加，双师课堂教学不仅让学生接触到了教育名校的优质教学资源，提升了学生的能力，同时也培养和造就了一批优秀的教师。

第二节　调研设计及实施

一、调查内容

本次调研内容具体包括以下几点：

第一，探究双师课堂的组织模式。该部分主要通过校领导和教师的访谈进行，具体从宏观和微观两角度展开调研：宏观上主要调查七中网校内部的组织模式以及网校与远端学校对接的相关组织情况；微观上主要调查D中学双师课堂班级的组建，包括教师的配置标准和学生的选择依据等。

第二，探究双师课堂的实施过程。该部分综合采用问卷、访谈和课堂观察等方式调查，具体按照课前、课中和课后三个维度展开。首先，课前环节分别调查了教师备课和学生预习的情况，其中教师备课包括前端教师和远端教师的集体备课（同时备课）和远端教师的“二次备课”。学生预习情况重点调查了学校和学生对预习的重视程度以及学生预习的实际情况。其次，课中环节主要从双师课堂教学设备以及“双师”协作的教学过程等方面展开调查。最后，课后环节主要从远端教师的课后辅导和学生的作业以及考试等维度展开调查。

第三，双师课堂对远端教师专业发展的影响。本调查主要采用问卷、访谈和课堂观察等方式开展，一方面调查双师课堂远端教师工作内容、工作状态等，另一方面调查双师课堂对远端教师专业理念、专业知识、专业能力和专业素质的发展情况。

第四，探究该双师课堂教学的实施效果。一方面调查D中学对该双师课堂教学的认可情况以及学生的接受度等，另一方面从D中学及其教师与学生三个角度调查该双师课堂教学的效果。

二、调查方法与工具

（一）问卷法

1.问卷编制

调查针对D中学高一、高二、高三双师课堂班的所有任课教师与所有学生，其中双师课堂班老师共48人，双师课堂班学生共400人。本次调查问卷旨在了解双师课堂班师生的基本情况、双师课堂教学模式实施的大致过程以及实施效果。

问卷分为教师问卷（见附录一）和学生问卷（见附录二），师生问卷设计分为三部分：第一部分是个人基本信息，题型以填空题和选择题为主；内容主要包括性别、（授课）年级、教师职称与学历以及双师课堂教学的基本情况等。第二部分是程度选择题目，主要从双师课堂教学的实施过程和实施效果等两个维度进行设计，其中实施过程主要包括课前准备、课中教学和课后复习等；实施效果主要包括双师课堂班的师生对该双师课堂教学的认可度和适应情况以及该双师课堂教学对师生的影响两个维度。选项设置采用“非常符合、比较符合、符合、不符合、很不符合”的五点选项。第三部分是开放性题目，内容上主要从师生的收获、存在的问题及建议等维度进行设置，题型为简答题。

2.问卷发放与回收

问卷发放之前，研究者首先和各年级主任确定好发放问卷的具体形式，然后分批分组发放。教师问卷主要通过各年级主任进行发放与回收，学生问卷主要通过调研组分组入班发放并回收。共发放教师问卷50份，收回42份，回收率为84%。发放学生问卷共400份，收回393份，回收率约为98.3%。通过SPSS20.0进行数据整理分析出学生有效问卷为378份，占回收问卷总数的96.2%；教师有效问卷为41份，占回收问卷总数的97.6%。

3.问卷的信度和效度分析

通过SPSS20.0的统计分析双师课堂教学模式实施情况调查问卷的信度系数，如表1-1。

表4-1 学生问卷与教师问卷的信度系数

可靠性统计量	问卷项数	Cronbach’s Alpha值
教师问卷	73	0.874
学生问卷	58	0.851

由此表可知：学生问卷的Alpha系数为0.874，教师问卷的Alpha系数

为0.877，都介于0.8—0.9之间，表明学生问卷和教师问卷的信度都可以接受。

通过SPSS24.0的统计分析双师课堂教学模式实施情况调查问卷的效度，如表4-2。

表4-2 学生问卷的效度

Kaiser-Meyer-Olkin 度量	0.845
Bartlett 的球形度检验	Sig.0.00
公因子共同度	0.74-0.51
公共因子的累积方差贡献率	62%

由表4-2可知，双师课堂教学模式实施情况学生问卷的KMO值为0.845大于0.6，Bartlett球形检验中sig=0.00 < 0.01，说明本问卷适合做因子分析，公共因子度在0.74-0.51（ > 0.4）之间，公共因子的累积方差贡献率为62% > 40%，表明问卷的效度良好。

（二）访谈法

采用非结构化自由访谈的方式对2名双师课堂项目领导（DL1，DL2）、9名直播班远端教师（DT1，DT2 …… DT9）和4-6人为一组的三组直播班学生（DS1，DS2，DS3）进行了深入访谈（具体信息如表4-3所示）。

表4-3 访谈对象与编码

访谈对象	授课科目及年段	学生班级	项目工作	教龄	远端教学年限	编码
项目领导	—	—	双师课堂引进与实施	—	—	DL1
	—	—	双师课堂设施及技术保障	—	—	DL2
线下教师	高一历史	—	—	9年	4年	DT1
	高一地理	—	—	21年	4年	DT2
	高一政治	—	—	17年	4年	DT3
	高二物理	—	—	16年	4年	DT4
	高一生物	—	—	10年	1年	DT5
	高一英语	—	—	22年	4年	DT6
	高一化学	—	—	9年	1年	DT7
	高二数学	—	—	20年	4年	DT8
	高三语文	—	—	15年	1年	DT9
直播班学生组	—	高三文科班	—	—	—	DS1
	—	高三理科班	—	—	—	DS2
	—	高一文科班	—	—	—	DS3

1. **学校管理者访谈**

校管理者主要包括主抓教学的副校长、高中各年级主任等。访谈副校长主要是为了从宏观上了解D中学与成都七中及网校的合作模式和组织架构等情况，各年级主任的访谈主要是为了具体了解本年级双师课堂班的师生情况，包括任课教师的辅导情况和学生的学习状态等。根据这些具体的访谈目的，主要从项目的引进、双师课堂教学的开展、效果及未来规划等三个方面设置访谈提纲（见附录3）。

通过对D中学学校管理人员分工摸底，调研组分别对副校长、高二年级主任做了访谈，在对资料进行整理时，我们分别将其编码为DL1与DL2。首先对副校长进行访谈，副校长负责双师课堂教学模式的引入，主要介绍了与成都七中网校的合作模式、对双师课堂教学的整体看法以及各年级双师课堂教学的总体情况。其次是对高二年级主任进行访谈。年级主任也直接参与双师课堂教学模式的引进工作，甚至直接负责与成都七中网校的对接与沟通工作，因此其对双师课堂教学模式的整体情况也做了很多补充。

2. 任课教师的访谈

教师访谈对象是三个年级的文理双师课堂的任课教师，包括双师课堂班的班主任老师。访谈教师主要是为了对双师课堂教学模式的具体环节有所了解，包括各环节中的互动、前端教师的讲课情况以及学生听课中存在的问题等。根据教师访谈目的，访谈提纲主要是从“双师课堂教学模式的具体内容”“师生以及双师互动情况”“远端教师和学生”“未来教学规划”等维度进行设置（访谈提纲见附录四）。

通过对双师课堂班教师的分析，调研组从三个年级中抽取9名教师进行访谈，其中包括语文、英语、政治、地理、历史文科教师5名，数学、物理、化学、生物理科教师4名。按照访谈顺序分别是高一历史教师、高一地理教师、高一政治教师、高二物理教师、高一生物教师、高一英语教师、高一化学教师、高二数学教师和高三语文教师，并在资料整理时分别将其编码为DT1，DT2 …… DT9。访谈教师主要以高一老师为主，因为高一老师大都是从2014年开始带的第一届双师课堂班，已有4年的双师课堂教学经验。对于前4位教师的调研都是在听完他们的双师课堂课后在办公室直接访谈的，在访谈过程中有针对性地对课堂上的一些问题进行交流。

3. 学生访谈

学生访谈对象是从各个双师课堂班中随机挑选出来的学生，目的是为了了解学生对双师课堂教学的具体看法以及课前后的学习任务等情况，主要从“课前预习”“课中情况”以及“课后辅导”等维度设置访谈提纲（见附录5）。访谈学生也涵盖了高中三个年级的文理双师课堂班的学生，此次访谈分为集体座谈和个别访谈两种形式，以集体座谈为主。学生访谈前后进行了3天，首先对高二的学生采用了集体座谈形式，当天上午听完高二文科班的课后跟学生们约在中午1点在教学楼1层阅读区进行座谈。访谈对象主要以文科班为主，其中也有两名理科班学生，包括藏族、傈僳族和汉族等民族的学生。接着调研组分成文理科小组分别对高一、高三的文理科学生进行访谈，高一学生主要在各班教室受访，高三学生主要在教师办公室受访。所有年级的学生在接受访谈时，都表现得很热情，访谈氛围融洽，学生对每一个问题都能很深入地给予解释说明。

（三）课堂观察

课堂观察的对象主要是D中学高一、高二双师课堂班和非双师课堂班的课堂教学，其主要是为了了解双师课堂教学过程中的师生互动、前端教师的讲解和远端教师的协作以及远端学生在双师课堂中的表现等。课堂观察与问卷访谈在同一周进行，观察了双师课堂和非双师课堂共10节，主要包括高二语文双师课堂班的双师课堂和非双师课堂、高一语文、政治、历史、英语双师课堂、高二数学、物理双师课堂等。

第三节　D中学双师课堂教学的实施现状

一、D中学双师课堂教学的组织

（一）网校组织模式

1. 网校内部分工管理

成都七中网校是东方闻道有限公司与成都七中合作的产物，在具体的工作中有明显的分工。一方面，网校运营管理方面由东方闻道有限公司负责。网校设立董事会和总经理办负责全网校的管理工作，并设立小、初、高中事业部分别负责小学、初中和高中的具体组织、管理与运营等工作。另一方面，成都七中主要负责主持和执行网校的教育教学活动。网校校长、教学副校长和教务长等岗位，大都由七中领导出任。

2. D中学的组织情况

D中学也推选任命相关负责人与成都七中及网校进行对接。D中学DL1老师介绍，学校目前没有组建专门的双师课堂教学团队，平时与成都七中网校的对接等工作由DL2老师负责。P1老师表示刚加盟网校时与成都七中网校的对接工作最频繁，这主要涉及D中学领导和教师对双师课堂教学模式的认识以及双师课堂技术和硬件设备使用等方面的指导工作。

（二）双师课堂班组建

成都七中网校一般会给双师课堂班班级组建提供参考建议，具体组班的方案由校领导制定和实施。截至2018年12月，D中学高一有17个班，文、理科各设2个双师课堂班；高二有17个班，文、理科各设1个双师课堂班；高三有18个班，文、理科各设1个双师课堂班。双师课堂班在D中学的普及率较低，且班额一般为40–50人。

1. 双师课堂班的生源

双师课堂班生源的选择主要根据学生的中考成绩及学生、家长的意愿。原则上，学生中考成绩必须在500分以上且有意愿报名方能进入双师课堂班。然而，近年来，迪庆州政府等相关部门每年资助并输送约150名优等生到昆明的重点中学进行培养，造成优质生源严重外流；此外，部分家长对双师课堂的认识不足，认为双师课堂班只是看视频，拒绝为孩子报名参加。因此，除了中考成绩，学生和家长的意愿对是否进双师课堂班有一定的影响。这就导致部分中考成绩500分以上的学生未选择双师课堂班，而个别中考成绩较差的学生也会进入双师课堂班。对于基础差、不适应双师课堂课的学生，DT3老师表示，学生可以申请调班，学校方面也会对学生进行心理疏导，劝其选择更合适的学习模式。但对于非双师课堂班学生可否申请进入双师课堂班的问题，学校表示目前还没有相应的制度规定。

2. 双师课堂班的教师选择

D中学主要领导及部分教师均表示，本校双师课堂班一般要求由近年来教学水平较高的老师担任，但也会选择一些工作态度积极的新教师担任。如何评选双师课堂班的教师，学校并没有给出具体的标准和依据。D

中学双师课堂班的老师均兼任非双师课堂班的任课老师，一般同时带两个班，不同的老师投入的精力不同，但受访的双师课堂班教师普遍认为其教学工作量会相对增加。DT3老师表示，由于学校没有团队去做双师课堂教学的相关工作，自身的工作量会增加，带双师课堂班是个良心活，真正要做到位，会比其他非双师课堂班老师更苦更累。DT8老师也表示，真正用心的远端老师工作量会比非双师课堂班老师多一倍。此外，如双师课堂班与非双师课堂班存在教材不统一的情况，任课老师则需要备两次课。

3. 双师课堂班教学经费

在经费的投入上，文科每班一年为6万元，理科每班一年为7万元。原则上，每个双师课堂班的学生不超过60人。D中学第一届双师课堂班则享受了费用减半的优惠，并且双师课堂班学生免学费，这些费用由当地政府和教育部门拨款支付，学生只需负担一定的资料费。在国家教育信息化政策的推动下，国家加大了相关教育经费的投入，D中学有相对充足的经费支持双师课堂的实施。

二、实施过程

为了对双师课堂教学进行深入了解，本文按照双师课堂前、双师课堂时、双师课堂后的维度展开论述，即备课与预习、课堂教学、辅导与作业、考试等几个方面分别介绍。

（一）双师课堂前的教学准备

对于双师课堂前的备课，D中学双师课堂坚持着“同时备课”的原则。

笔者通过教师访谈和问卷进行了深入分析，从两端备课情况、远端备课情况、双师课堂前的预习情况等三个方面对双师课堂前的具体情况作详细分析。

1. 老师的备课

（1）两端“同时备课”。通过对相关访谈记录的全面分析，对“同时备课”有了深入的认识。所谓“同时备课”，是指九门双师课堂主科每周一次双师课堂备课会，“双师”共同探讨本周的教学内容及教法学法。备课会采用“一对多”的模式进行，即前端教师是成都七中某科目的授课教师，远端教师是各个远端学校某科目的教师。据DL1校长介绍，远端备课主要采取集体备课的形式，成都七中一般将集体备课的时间安排在每周三的下午，前端教师与远端教师共同备课。备课会的具体流程为：前端教师（教学专家）会将事先计划好的有关本周的教学计划和PPT等教辅资料介绍并发放给远端的教师，远端教师再根据教学计划进行教学演示活动，最后远端教师根据远端学生的需求向前端教师进行反馈。除了线上的集体备课以外，远端教师与前端教师组建了QQ群、微信群，以便课后的交流与讨论。

（2）线下“二次备课”。在集体备课结束后，远端教师会进行再次备课。一方面可以加强老师对集体备课内容的把握，一方面也能解决集体备课的缺陷。集体备课主要存在以下缺陷：第一，由于集体备课的时间有限，交流方式限于视频、语音和文字等形式，无法更加深入地探讨双师课堂教学的相关问题。第二，由于备课会上所使用的教学资料主要针对的是成都七中的学生，无法过多地关注远端学生的学习状况，在教学内容的难度和重难点等方面也就无法将成都七中的进度与D中学的进度同步起来。正如DT6老师所说，“由于集体备课内容的受众主要是成都七中的学生，这些学生是经层层选拔组成的，显然比我们这里双师课堂班的学生底子更好些，在这种状况下集体备课就无法照顾到本校的学生。”因此成都七中分享的PPT等教学资源需要远端老师针对本班学生的学情进行二次整理和加工，这可以看作“二次备课”。

2. 学生的预习

成都七中与D中学的老师都很重视学生课前的预习环节，学生也充分认识到了预习的重要性。DL1校长表示：“课前预习是双师课堂教学模式的重要特点，我校也坚持落实学生课前必须要预习的教学思想。”D中学对师生提出了提前预习的要求，远端教师一般会及时给学生安排预习任务，课前老师进教室与学生沟通，并且要求老师至少提前2分钟进教室了解学生的预习情况。

（二）双师课堂教学的过程

双师课堂教学这一部分主要采用师生问卷和课堂观察等调研方式进行，最后从课堂氛围、“双师”协作教学与教学设备等三个维度进行整理。

1. 课堂教学氛围的表现

课堂氛围是教学过程中的心理反映，直接影响着教学过程和教学效果。相比远端课堂，成都七中的课堂氛围较为积极。通过师生问卷（表4–4）发现，98.9%的远端学生认为前端师生的关系很和谐；95.2%的远端教师认为前端师生的关系很和谐。

表4–4 成都七中的课堂氛围

问题设置	程度	频率	百分比（%）
前端师生关系和谐[a]	非常符合	168	42.7

续表

问题设置	程度	频率	百分比（%）
	比较符合	100	25.4
	符合	121	30.8
	不符合	2	0.5
	很不符合	1	0.3
前端教学关系和谐[b]	非常符合	4	9.5
	比较符合	19	45.2
	符合	17	40.5
	不符合	2	4.8
	很不符合	4	9.5
a属于《学生问卷》第7题；b属于《教师问卷》第11题。			

结合师生访谈和课堂观察得出，成都七中的课堂氛围总体表现良好，整个课堂中师生充满热情，使得课堂活动有序进行。其具体表现为以下几个方面：第一，教师的教学目标明确，并能够使用幽默的教学方式展开教学；第二，学生求知欲强烈、注意力集中、思维活跃，能够发表自己独特的看法。当然前端师生也有不和谐的时候，个别学生注意力分散，老师则会根据具体情况进行处罚，例如笔者在观察高一历史双师课堂课的时候发现，前端教师发现一位同学在看其他科目的教材而对其进行严厉的批评教育。相对于成都七中的课堂，D中学课堂氛围较为消极。受偏科、前端教师人格魅力和教学风格等多方面的影响，远端学生对前端教师的喜好较为明显，因此在部分课堂上有的学生会出现情绪压抑、无精打采、注意力分散的情况，部分同学甚至在课堂中打瞌睡。此外，教室前几排的学生在课

堂中注意力很集中、思维也很活跃，能够跟上前端师生的互动，后几排的学生表现较差，经常因为犯困被远端老师要求站着听课。

2.“双师”的教学协作

成都七中网校的远程双师课堂教学采用了“双师”教学模式，前端教师在课堂中作为主讲老师，远端老师对远端学生进行课堂辅导。

（1）前端教师主讲。前端教师对本节课进行系统讲授，全程围绕着自己本班的学生展开。前端教师讲课的PPT课件会同步到远端教室的投影幕布上，前端教师讲课的过程也会以视频小窗口的形式出现在投影幕布上，为了不影响远端学生观看PPT上面的内容，前端教师的视频小窗口会灵活地切换到上下左右的某一个角落上。

（2）远端教师助教。针对前端教师讲授的内容以及远端学生的听课情况，远端教师对远端学生进行辅助教学。在该双师课堂教学过程中，远端教师不仅要扮演好学生的辅导者、管理者，还要时刻把握学生的听课效率，并进行及时的师生互动。正如DT3老师所说的，“自己基本上适应了目前的这种教学模式，反正不是以远端的教师为主，我们主要就是辅助或者协作。”

远端教师都会巡查课堂，既暗示远端学生专心听讲，又会发现学生存在的问题。通过课堂观察并结合访谈发现，远端教师主要在针对以下情况会进行辅导：第一，当前端老师讲课比较枯燥，在部分学生犯困的时候，远端教师会立即让学生起来站着听课，甚至让学生绕着教室走两圈，这样学生的精力也就旺盛了；第二，个别同学对某一个知识点不够明白，老师们就会给他进行课堂辅导，就像P2老师所说，“扮演了一个缝缝补补的角色。”

3. 师生的互动

与传统的教学模式不同，这种“双师教学”突破了传统的师生互动，不仅有远端师生之间的互动，还有前端学生与远端老师的互动。

（1）远端师生的直接互动

在该双师课堂中，前端教师正常面对成都七中的学生授课，远端学生只能通过双师课堂屏幕观看前端课堂。双师课堂的师生互动主要表现为前端师生之间的互动和远端师生之间的互动，前端师生的互动不属于本文的探究范围。

相比传统课堂，双师课堂教学的远端师生交互受到限制。远端教师一般不会跟远端学生互动，因为成都七中的课堂容量大、快节奏，在双师课堂中远端学生长时间处于紧张的听、记及看的状态，很容易身心疲劳，远端老师随意讲话会严重影响学生的听课效率。但是由于前端教师讲课中留出的空隙时间很少，远端教师补充内容时经常会跟前端教师同时说话，直接导致远端学生听不清任何老师所讲的内容。因此有的老师为了避免这种情况，就会暂时关闭前端课堂的声音，等给远端学生讲清楚后再开启双师课堂声音。例如在英语课前词汇听写的教学环节中，远端教师会关闭双师课堂的麦克风，亲自给学生进行词汇听写。

（2）远端学生与前端教师的间接互动

远端学生只能间接地与前端教师互动，因为远端学生在听课中存在的任何困惑，都无法直接与前端教师互动解决。通过课堂观察发现，部分学生在双师课堂课中会跟随前端教师的思路，回答前端教师提出的问题，也有部分学生消极地与前端教师“互动”。据接受访谈的学生反映：“互动是一种双向的活动，双师课堂课上的老师并不能看到我们的反应，也没有跟我们互动，那么我们回答前端老师的行为就不能称之为互动，所以我们班基本不张嘴回答前端老师的问题，大家都默默地想就行了。”（DS2）老师认为：“最初远端学生对双师课堂课有很大的新鲜感，但是前端教师并不关注远端的学生的情况，因此部分学生会产生失落感，久而久之便会失去互动的兴趣。”（DT2）

4.双师课堂教学设备的情况

通过对教师问卷进行分析，双师课堂教学平台的性能总体良好，具体如下表2–6。

表4–5　双师课堂平台的性能

类型	程度	频率	百分比（%）
双师课堂平台的操作性	非常好	2	4.8
	比较好	17	40.5
	一般	21	50.0
	不太好	2	4.8
双师课堂平台稳定性	非常好	5	11.9
	比较好	24	57.1
	一般	11	26.2
	不太好	2	4.8
双师课堂网络情况	非常好	3	7.1
	比较好	24	57.1
	一般	15	35.7
	不太好	0	0

总之，双师课堂平台具有以下特点：首先，双师课堂平台交互功能

缺失。双师课堂采用了东方闻道多媒体双师课堂教学平台，该平台具有“与前端进行实时通讯，接收并播放前端音频、视频、屏幕，并与前端开展音、视频交互”等功能，但在课堂教学中，从未体现出线上线下交互的这一功能。其次，视觉体验一般。双师课堂班的教室跟普通班的设备一样，双师课堂电脑采用了普通的台式机，电脑系统也采用了常用的Windows XP和Windows 7等Windows系统，投影也采用了普通的投影幕布，因此双师课堂视频的清晰度一般。最后，听觉体验较好。前端教师的双师课堂声音很清楚，麦克等硬件设备较好。

（三）双师课堂课后的辅导

1.学生的心理疏导

对远端学生的心理疏导工作主要由学校、班主任和任课教师进行。D中学每周都有一次“励志会”，通常在周三上午课间操时间进行，会议上副校长或年级组长先对学校一周的工作和学生的学情做总结，然后介绍学校下一周的教学计划，最后对学生的学习心理进行疏导，并跟学生一起诵读经典的励志文章。由于双师课堂班的课程安排紧凑，课表中都没有安排班会的时间，所以班主任主要在学生的自习时间进入课堂跟学生互动。班主任通常让学生反映一下这段时间的听课情况，一方面能有效地了解学生的学习情况以及前端教师讲课的情况，另一方面能让学生大声说出来自身的问题，有效地释放学业压力。任课教师会在上辅导课和晚自习的时候跟学生沟通，任课教师一般会积极鼓励所有学生，然后客观地分析与前端学生的差距，并且将前端教师布置的较难的作业删掉，以减轻学生的作业压力。通过学校与班主任、任课教师的联合疏导，远端学生始终保持着一颗积极学习、不怕困难的心态。

2.学生的课业辅导

课后辅导还包括任课教师对学生的课业辅导。双师课堂班除了双师课堂课以外，还有大量的非双师课堂课，也叫消化课，主要是对双师课堂课的内容作补充，安排各科目的远端教师进行课堂辅导。政治、历史和地理每周各3节课，其中包括2节双师课堂课和1节消化课。老师们一般会选择在这节消化课上集中辅导学生，首先会解决学生双师课堂课中遗留下来的问题，然后针对学生的作业问题做一些辅导，最后跟学生交流一些听课方法和学习心得。DT3老师说："政治消化课在每周的周五，我会将前两次双师课堂课中前端教师没有讲解清楚的地方记录下来，在这次消化课上集中讲一遍，然后会辅导学生做作业，并教学生如何学习政治的方法等。"

除此之外，根据科目的不同，消化课的具体课时也不同。拿文科双师课堂班来说，数学和英语每周各有3到4节，语文、政治、历史和地理每周各1节。总之，消化课比双师课堂课更有针对性，更能体现出因材施教的教学原则。在消化课上，远端教师会对双师课堂课进行再总结并与学生沟通详细的听课问题；接着远端教师会针对课堂观察的情况和学生的反馈将双师课堂课中的重难点再讲授一次，这样能够更大程度地提高学生的学习成效。

（四）学生作业与考试

D中学坚持与成都七中"同时作业"和"同时考试"的原则。"同时作业"主要体现在双师课堂班采用了与成都七中相同的教材和教辅等学习资料，在每次双师课堂课结束后，双师课堂教师会安排课后作业，远端学生与前端学生都要完成。但通常情况下，前端教师会根据成都七中的学生情况和自身的教学进度安排作业。若出现部分作业难度过大而不适合远端学生的情况，远端教师会根据实际情况做删减，然后另外补充安排新的作业。从这里可以看出，远端学生实际上做了两份作业。

“同时考试”是指双师课堂班采用成都七中的试题在同一时间进行考试。考试主要包括期中期末大考和月考等小考。除了采用成都七中的考卷外，D中学也会出考卷并组织考试，像周考、月考等。例如，高中三个年级的数学老师和英语老师会根据双师课堂班的学生情况出一些基础性的习题，并利用晚自习等时间进行每周一次的考试，这样更能有针对性地巩固远端学生的基础，如此长期地抓下去，学生的成绩会有很大的提高。

第五章　民族地区中学双师课堂的实施效果

第一节　双师课堂实施的整体效果

一、双师课堂对远端学校的影响

（一）取长补短，共享优质教育资源

D中学属于薄弱学校，该校生源质量不佳，存在学生起点低、基础差的情况，且优秀师资“供不应求”等问题突出。自从2014年引进该双师课堂教学，该校跟国内200多所薄弱学校共同享受到了成都七中的优质教育资源。这4年里，从管理者到教师再到学生，他们的教育观念、教学理念和学习方式都发生了改变。D中学的办学理念和教学模式均受到了成都七中双师课堂教学的影响，该校管理者也开始探索新式教学和未来教室等先进教育模式；该校教师也在双师课堂教学中获得了很大的启发；学生也开始养成课前预习、课中集中注意力听讲等良好的学习习惯。

（二）成效显著，学校形象整体提升

该校加入双师课堂教学后，学生的学习状态和学习成绩有了一定程度的提升，教师的教学态度和教学方式也有了一定的变化。这些都为该校赢得好的声誉，一定程度上增加学校的知名度。DT3老师认为："我们学校现在至少培训出来了两波老师，每一个老师在送走了一届学生，又回来带下一届的时候，对教学还是有很多新的思考，积累了很多相关经验，对学校来讲这其实就是一笔很大的财富，同时也获得了学生和家长的信赖。"

二、各方对双师课堂的认可和适应情况

（一）学校管理者和远端老师总体认可双师课堂教学

通过对学校管理者进行访谈，他们对该双师课堂教学比较认可。DL1校长表示，双师课堂教学模式从长远来讲对D中学教育教学质量的提升起到很大的影响，因此学校不会取消与成都七中的合作教学。各年级的主任也认为，双师课堂教学一方面能够培养本校的教师，对教师专业发展有很大的意义；另一方面对学生学习习惯的养成和学习成绩的改善都有很大作用。近年来D中学生源质量较差，部分双师课堂班的学生跟不上双师课堂教学，针对这一情况，年级主任也纷纷表示要他们必须努力地跟上去。

目前双师课堂班老师对双师课堂也较为认可。刚接触该双师课堂教学时，部分老师对其持怀疑的态度，但通过不断积极参与双师课堂教学，他们的态度发生了很大的转变，认为双师课堂教学存在很多优势：第一，有先进的教学理念、教学方式方法。第二，有丰富的优质教师资源，尤其对七中老师的教学针对性、把握知识的广度和深度方面给予了高度评价。第

三，有好的教材和教辅资源，特别是试题资源。第四，双师课堂教学能弥补录播时间久、延长上课时间的不足，相对减轻双师课堂班教师的教学辅导压力。但是双师课堂班老师也认为七中老师不能根据远端学生的实际情况调整教学内容这点让远端教师很难接受。

（二）大部分远端学生认可双师课堂教学

目前双师课堂班的学生都对双师课堂教学比较认可，因为双师课堂班组建初期会有个过渡期，支持双师课堂教学的会选择留下来，不支持的会自动调到普通班。DT2教师表示："我们班原来有48个人左右，很多不适应的同学就走掉了，现在留下的40人对这种教学模式还是比较认可的。"参与访谈的学生也都表示大家都认可双师课堂教学，主要原因有"远端老师都是名师""远端老师讲课很幽默""远端的学生基础很好，他们上课表现都很积极，我们自己都能被感染"等等。通过学生问卷（表5-1）发现，10%的学生非常认可"相比传统教学模式，更喜欢双师课堂教学模式"；33.8%的学生比较认可；41.4%的学生一般认可；14.8%的学生不认可双师课堂教学模式。80%以上的学生基本认为双师课堂教学能够提高自己的学习兴趣，18.4%的学生认为双师课堂教学很难提高自己的听课兴趣。近95%的学生认为双师课堂教学平台的学习体验比较好，5.6%的学生认为双师课堂教学平台的体验较差。

（三）近三分之一的远端学生难以适应双师课堂教学

D中学的生源较差，加上成都七中的教学进度太快，很多学生对某些科目很难适应的情况也依然存在，据高三文科班学生反映："数学不适应，讲得太快；高二换了数学老师，相对慢了一点；高一课堂不会回应前端老师，远端老师开导，虽然前端老师听不见，但是远端老师会关注，才形成回应前端的习惯”。通过学生问卷（表5-2）发现，57.4%的学生基本上能很快适应双师课堂教学模式，近43%的学生很难适应该模式。

表5-1　学生对双师课堂教学的认可情况

类型	程度	频率	百分比（%）
更喜欢双师课堂教学	非常符合	39	10.0
	比较符合	132	33.8
	符合	162	41.4
	不符合	49	12.5
	很不符合	9	2.3
双师课堂能提高兴趣	非常符合	25	6.4
	比较符合	133	33.9
	符合	157	40.1
	不符合	72	18.4
	很不符合	5	1.3
双师课堂平台体验良好	非常符合	79	20.2
	比较符合	134	34.2
	符合	157	40.1
	不符合	22	5.6

表5-2　学生对双师课堂教学的认可情况

类型	程度	频率	百分比（%）
很快适应双师课堂	非常符合	6	1.5
	比较符合	92	23.5
	符合	127	32.4
	不符合	147	37.5
	很不符合	20	5.1

第二节　双师课堂对学生学习的影响

远程直播教学作为“互联网+教育”背景下产生的新兴教学手段，其实施以来，在学生学习成绩提升等诸多方面取得了一定的效果。现基于调研获得的相关资料和数据对双师课堂对学生学习的影响进行阐述。

一、双师课堂对学生学习的具体影响

（一）资源输入，多方位提升学习质量

1.学习成绩提升，文理差异明显

引进远程直播教学的核心目的是希望借助互联网技术提升学生的学业成绩。调查结果显示，远程直播教学能够满足这一目的，远程直播教学对远端学生的学习成绩有一定的提升作用，但近年来由于学校生源质量较

差，学生的学习成绩时常有波动。DT1老师表示："学校2014级的生源比较好，他们在2017年的高考中成绩整体不错，全州有7位600分以上的学生，其中6位是我们班的，一位是香格里拉中学的往届生。自从2016年当地政府将州内最优秀的生源送出去后，这两年的高考成绩又有回落趋势。"现就读的学生反映，他们每次考试的成绩有升有降，但总体上有所提升，特别是语文和英语成绩。DT6老师表示："达不到前端学生的水平，前端学生的英语平均达140分以上，远端学生的平均为114分，能够缩小差距就很不错了。""直播班进步更快，与普通班相差10–20分左右"通过学生问卷（表5–3）发现，70%以上的远端学生都认为远程直播教学模式能够提高自己的学习成绩。在语文、数学和英语三门公共课中，一半以上学生的语文成绩有所提升，数学成绩提升的学生比例最低，只有31%左右。

表5–3　远端学生成绩提升情况

类型	程度	频率	百分比（%）
成绩提升	非常符合	10	2.5
	比较符合	108	27.5
	符合	151	38.4
	不符合	107	27.2
	很不符合	1	2.4
语文成绩	符合	204	51.9
数学成绩	符合	124	31.6
英语成绩	符合	157	39.9

此外，通过学生问卷（表5–4）对文科和理科的科目进行分析发现，

双师课堂下，学生学习成绩的提升存在学科差异。在政治、历史和地理三门文科科目中，26.2%的学生认为历史成绩得到了提升，仅有5.9%的学生认为政治成绩得到了提升；在物理、化学和生物三门理科科目中，16.3%的学生认为生物成绩得到了提升，仅有6.9%的学生认为物理成绩得到了提升。也就是说，在文科科目中，历史成绩提升的学生最多，地理次之，政治最少；在理科科目中，生物和化学成绩提升的学生较多，物理较少。综上所述，该远程直播教学模式对学生成绩的提升有一定的帮助。教师在访谈中也提及："物理是差距最大的一科，成都七中的物理一般平均分能考个九十分左右，我们这边就考四五十分，满分一百一十分，语文还行，考试成绩也还不错，成绩也是差距最小的，相差五六分，甚至可能比这个还要小，但是英语、理科科目差距就非常大。"（DL2访谈记录节选）

表5-4　远端学生文理科成绩提升情况

类型	程度	频率	百分比（%）
政治成绩	符合	23	5.9
历史成绩	符合	103	26.2
地理成绩	符合	57	14.5
物理成绩	符合	27	6.9
化学成绩	符合	57	14.5
生物成绩	符合	64	16.3

综上所述，无论是从问卷的数据结果还是访谈的内容来看，远程直播教学模式对学生学业成绩的提升有一定的帮助，但对学生的成绩影响存在学科差异，效果不一。

2. 学习能力增强，多维度共同发展

笔者在调研之前查阅相关资料，在本研究中将学习能力具体分为自主学习能力、思辨能力、分析解决问题能力、交流与协作能力四种能力，并根据这四种能力在学生问卷中设置了相应的问题，数据结果如下表5-5所示。

表5-5　远端学生能力提升情况

类型	程度	频率	百分比（%）
自主学习能力提升	非常符合	51	13.0
	比较符合	110	28.0
	符合	168	42.7
	不符合	57	14.5
	很不符合	7	1.8
思辨能力提升	非常符合	54	13.7
	比较符合	142	36.1
	符合	169	43.0
	不符合	26	6.6
	很不符合	2	0.5
分析解决问题的能力	非常符合	53	13.5
	比较符合	133	33.8
	符合	175	44.5
	不符合	29	7.4
	很不符合	3	0.8
交流与协作的能力	非常符合	51	13.0

续表

类型	程度	频率	百分比（%）
交流与协作的能力	比较符合	110	28.0
	符合	168	42.7
	不符合	57	14.5
	很不符合	7	1.8

由上表可知，87.3%的学生认为其自主学习能力有所提升；92.8%的学生认为其思辨能力得到了提升；91.8%的学生认为其分析与解决问题的能力得到了提升；83.7%的学生认为其交流与协作的能力有所提升。因此，在远程直播教学模式下，学生的学习能力普遍得到了提升。

3.拓展知识视野，激发内生动力

在双师课堂中，前端教师所传达出的渊博知识、新理念和新思维，打开了远端学生的视野。同时，前端的画面也会实时同步传输，远端学生同前端学生一起上课，前端学生敏捷的思维能力、反应能力、丰富的知识储备水平，一开始会使得学生产生一种望洋兴叹的无力感，渐渐适应后，前端的同龄人也能起到激励作用，成为学习的动力，激励他们不断读书、拓宽眼界。高三文科班的同学们告诉笔者："前端、远端的老师都很尽职尽责。前端老师的知识渊博，讲课生动有趣，可以拓宽我们的视野，让我们见识到更大的世界。"（DS1）

"我觉得我这三年，感触最大的就是语文课，真的感觉不一样，因为他们真的懂很多。高一的时候就明显地感受到那种差距，那个时候就会感叹，为什么他们懂得的那么多，那时候就会想去读他们读的那些书，那些小说。真的感觉大家都是高一，但是他们怎么就那么厉害，真的会有落

差，就想要去多读一点书，所以，语文课真的启发很大。”（DS1）

“我们从小和人家接受的并不是一种教育，我不是说我们小的时候条件不好或者什么，我们也接受了教育，但是我们的那种眼界和人家是真的有差距。特别是高一的时候，他们的老师问他们去了哪里，然后他们都说去国外，什么大城市等，我们呢，就是昆明，北京才去过，他们所见的那些跟我们所见的都不一样。”（DS1）

4.掌握学习方法，提高学习效率

双师课堂给学生带来的正面影响还集中体现在学习方法方面。在双师课堂中，不仅前端教师带来了新教学理念和方法，同步直播的前端学生也为远端学生展示了发达地区的学生是如何学习的，这样有利于远端学生对学习方法的掌握。受访学生访谈文本示例如下：

“在学习方法方面我就有很大的改变，我觉得我以前成绩没那么好，就是学习方法上可能有问题。我看成都七中那边特别重视错题，我们这边老师现在也开始强调我们纠错的学习习惯。我们准备了一个纠错本，考试后错的题就写上去，而且把自己错在哪、哪个点不懂标注上，我们远端的老师也经常来检查我们这个本子。我自己是认真做的，而且时不时我就翻开复习一下，这样很有用，下次碰到类似的我就有思路了，就不会再犯错。”（DS2）

“上了直播班之后，我发现语文想学得好，就是要多去看书和表达，不管是口头或者书面上，就比如语文课要求每个人准备5分钟左右的小课题展示，那个就很好。”（DS1）

“在讲练习时，七中的学生就说他们不复习不做作业，我现在也是，复习完再做，觉得效率更高了。”（DS3）

（二）形象效应，有效增强学习动机

1.名校名师效应

在D中学的学生眼里，在双师课堂还未开设前便对于远方的名校名师抱有较高的期待，对待直播上课的态度都较为积极正面，受到了名校名师光环效应的影响，受访学生访谈示例如下：

"刚开始听到成都七中的老师要给我们远程上课，还挺期待和好奇的，想看看有什么区别，是不是真的上得很好。"（DS2）

"（成都七中）毕竟是好学校，爸妈也觉得来上直播班更好。"（DS1）

"远端老师都是名师，老师讲课也很幽默，那种学习的动机就更强些。"（DS3）

"七中的学生基础很好，他们上课表现都很积极，我们自己都能被感染，也挺期待每天上课。"（DS1）

2.优质资源效应

教育部发展规划司司长刘昌亚提倡"同在蓝天下，共享优质资源"，其目的是希望依靠技术解决发展落后或贫困地区优质资源匮乏的问题，远程直播教学促进了学校的信息化基础设施建设，在实现优质资源共享方面也发挥了重要作用。直播教学为该校带来了优质的课堂教学资源和教辅资料以及先进的教学理念和教学方法，这对学生知识的获取、方法的习得、成绩的提高等多方面都有积极的促进作用，受访教师们纷纷表示：

"看了之后就发觉人家这个东西不说别的，比如说这种课堂的容量跟我们的课比起来就好很多，学生在相同时间内可以获得更丰富的知识。"（DT3）

"对该模式本身比较认可，因为它的教学理念、手段、方法等都比较

好，而且前端教师知识面广，拓展的多，有利于我们师生对知识的积累，还可以对发达地区学习情况有个了解。”（DT8）

“师资总体上较好，老师比较敬业，目前对接前端老师年纪不大，但可作为榜样，气场强，视野宽；试题资源很好，接近实战，接近高考，排版合理，对学生复习很有好处。”（DT6）

“对于学生来说，直播课程中的视野、解题技巧都是非常好的，直播课中的题目接近高考难度，布局排列合理，对于学生来说是非常好的学习资源，有助于学生在学科的深度和广度上进一步拓宽视野。客观来讲学生的成绩略有提高。”（DT7）

3.新教学模式效应

相比于传统课堂，“前端+远端”的双师课堂无疑是一种新的教学模式。通过学生问卷（表5-6）发现，10%的学生非常认可“相比传统教学模式，更喜欢直播教学模式”；33.8%的学生比较认可；41.4%的学生一般认可；14.8%的学生不认可直播教学模式。80%以上的学生基本认为直播教学能够提高自己学习的兴趣，18.4%的学生认为直播教学很难提高自己的听课兴趣。近95%的学生认为直播教学平台的学习体验比较好，5.6%的学生认为直播教学平台的体验较差。从总体上看，双师课堂教学模式基本得到了学生的认可，并进一步激发了学生的学习动机。

表5-6 学生对直播教学的认可情况

类型	程度	频率	百分比（%）
更喜欢直播教学	非常符合	39	10.0
	比较符合	132	33.8
	符合	162	41.4

续表

类型	程度	频率	百分比（%）
更喜欢直播教学	不符合	49	12.5
	很不符合	9	2.3
直播能提高兴趣	非常符合	25	6.4
	比较符合	133	33.9
	符合	157	40.1
	不符合	72	18.4
	很不符合	5	1.3
直播平台体验良好	非常符合	79	20.2
	比较符合	134	34.2
	符合	157	40.1
	不符合	22	5.6

在访谈中，同学们表达了相同的看法："跟前端的同学一起参与这种活动感觉非常奇妙。"（DS1）

"有些前端教师采用让全班学生准备课前5分钟的PPT展示的活动，远端的老师也借鉴了这种方法，让远端的学生也参与了这种活动，同学们表示非常喜欢这种全班都能参与的活动。"（DS2）

"我感觉后面采用录播课的形式也挺好的，比直播课更适合、更吸引我们，因为听不懂可以暂停、回看，远端老师会对其进行讲解，时间安排上更加灵活。（DS2）

（三）心理发展，成长与压力并存

1.心理素质有所增强

由于远程直播教学存在“三高一大”，即高起点、高难度、高速度、大容量的特点，学生在一开始接触远程直播教学时会出现不适应的情况，这需要学生在参与直播教学过程中不断自我调适。据调查了解，能够将三年直播教学坚持下来的学生，其心理素质会有所加强，包括自我认知的提升、“超我”的塑造等。正如教师们在访谈中说到的那样：

“学生本身的那种认知度我觉得是在提高，那种理想中的“我”的塑造，我觉得那种行动感还是比较明显的。在我们班里我一直贯彻一个理念，叫作“让优秀成为一种习惯”，还有，我经常跟学生讲“每天只要比别人多奋斗一点”，然后现在很多同学都已经形成习惯了，他觉得假如说啊我们优秀的或者假如说我没把什么事儿给做出来，自己觉得好像我那很不应该啊怎么怎么。我觉得他们对自我的那种肯定嘛，那是在原有的基础是有很大的提高。特别是，应该会去相信我会努力地去创造一个更美好的自己。”（DT3）

“学生会变成一个心理很强大的人，因为不论是作业量还是考试难度亦或是前端学生的超强能力都让学生练就强大的心理，首先是他变成一个内心很强大的人，为什么这样讲，我记得高一第一次成都七中的数学测试，我们班当时最高分考了51分，150分满分，然后全班清一色都是三十几分十几分，甚至有个位数的那种。”（DT3）

学生们表示考试会让学生认识到自己与前端学生的差距，这种差距带来的是心理的冲击，这些都需要学生不断加以调适，教师在教学的过程中也善于运用皮格马利翁效应去不断鼓励他们，让他们在心里认为自己作为直播班的学生是优秀的，提升自己应对生活和心理压力的能力：

“我们原来都觉得自己挺好的，毕竟也算好学生，高一的时候还挺有优越感的，但是后面上直播课，那边同学都听得懂、反应快，我自己就有点跟不上，两边课又不一样，就是有一种落差感。一边会很担心你这边学校的普通班同学是不是学得更好，班上同学是不是也能赶得上，然后又很担心跟那边（七中）同学差距太大，反正就感觉挺难受。但是后来我就慢慢改变了，把那边同学当成我的目标，就感觉自己内心变强大了。”（DS2）

2.归属感不高

马斯洛的需要层次理论认为人在满足了生理和安全需要之后，会有归属与爱的需要。但根据教师以及学生自身反映，直播教学无法满足在学生情感和归属需求，学生的归属感不是特别好，学生会不知道自己是成都七中老师的学生还是本校的学生，如果是成都七中的，前端老师根本无法顾及学生的情感需要，也不能及时了解学生的需求，如果是本校的，学生对于本校的老师而言又陌生，因为从高一开始就上直播课，学生对自己远端老师的上课方式不太了解。高三文科班学生在访谈中提到：“一开始会觉得我们没有那种特别亲近的老师，因为一开始的时候老师根本就不能，我们自己的老师不能发挥自己的，就觉得对我们自己的老师很陌生，因为很少听他们的课，然后对那边的老师们肯定也是没有太多的交流，然后那段时间就感觉可能我们高中三年都要这样下去。”（DS2）

远端教师也坦言，在双师课堂上，前端教师与远端学生间的情感联结甚至处于断裂状态，学生的情感需求被严重忽略：“学生的那种归属感不是特别好，为什么这样讲，有些时候我们跟成都七中那边直接走，然后那个时候我们学校不承认，学生感觉的。有些时候呢成都七中做个什么事呢，好像又不关我们的事。远端学生就反映没有课堂归属感，不知道自己到底是成都七中的学生还是自己班级的学生。”（DT9）“励志教育本中曾有学生这样写道：‘当前端老师问都听懂了吗，我们都说没有听懂，前端老师完美的翻页，’我们远端学生的情感需求被忽略。”（DT2）

3.学业压力大

（1）“基础好”与“考得差”带来的落差感

在刚进入直播班的时候，远端学生都被贴上为“基础好”的标签，然而学生的优越感也会跟随时间推移发生变化，优越感逐渐消失甚至感到创伤，强烈的落差给学生带来了压力：“高一的时候我们真的有优越感，后来我们班主任总是跟我们说你们不要有那么强的优越感，你们并不是多厉害，我们考好的话，会听到一些同学说人家是直播班的，本来就应该考好，如果我们考差的话，又会说直播班也不就是那个样子，就感觉我们很可怜，我的心理过程就是这样，我高一刚来的时候我真的有那么一丢丢的优越感，但是后来就被他们说下去了，他们越那样说，后来在他们面前根本不敢说自己是直播班的，心理有创伤。”（DS1）

（2）“直播班”与“只能做好”的刻板标签

另外一个外部压力因素是由于“直播班”这个标签造成的，同学们表示，直播班都是由中考成绩好的同学们构成的，每个人在初中时都是来自不同学校的尖子生，但是上高中后读了这个直播班，前端的同学变成了成都七中的学生，与他们相比差距一下就大了起来，压力更是一下大了不少，学生在访谈中说道：“直播班在我们学校是尖子生的代名词，但是我们自己心里其实是有点心虚的，因为见识过成都七中的优等生，我们觉得自己也没那么优秀，但是在普通班学生的眼里我们就不应该做不好，因为我们是直播班的学生。”（DS2）

（3）令人痛苦的“两份作业”和“两份考试”

谈到学习压力的问题，远端学生尤其提到了在考试和作业上的压力，他们有着“两份作业”和“两份考试”，分别是前端教师布置的作业和远端老师布置的作业，成都七中的考试和自己学校的考试，其中以成都七中的考试为主。大量的练习和作业挤占了学生太多的时间，学生甚至无法完成，给他们造成一定的心理压力，学生们谈道：“我们班作业还好，理科班有时候会做到凌晨。”（DS1）

“如果一开始一直跟着他们那边做作业的话，我觉得会有很多不好的，要么就做不完，然后你自己也会很不舒服，然后如果出现抄作业现象的话，你自己心里面也会很不舒服，就觉得你自己什么都不是。我是觉得这边的老师自己安排作业比较好，就是因为我们听他们那边的课，老师会根据那边老师布置的作业，就会在他们的作业里面给我们安排一些觉得比较适合我们自己，而不是全部让我们做他们的作业。”（DS3）

对此现象，教师们也表示心知肚明：“学生自己也知道抄不好，甚至对抄的行为报以愧疚的心态，但由于基础薄弱，学生迫不得已抄。”（DT4）

“学生可能比较揪心的特别痛苦的就是作业量，作业量特别大，可能理科班比文科班更惨，很多基本上是做不完的，然后理科老师就直接不让做。像我们文科相对来说还好点，马马虎虎跟得上。”（DT3）

“作业量大以后就把预习跟这个课作业前的复习这两块就会腐蚀掉，其实他们压力也大。”（DT5）

“由于前端学生和远端学生的差距较大，作业量大，导致前端学生用20分钟就能做完的作业，我们的学生要花几倍的时间才能做完。由此导致的恶性循环就是学生没有时间复习今天上的知识，预习明天要上的知

识。理科班1/3的作业都是抄的，这我们老师都是知道的，但是没法杜绝。”（DT8）

“前端学生和前端学生‘同时作业’，由于基础不同，前端学生能够保质保量完成的作业，相对于远端学生而言显得有点吃力，学生自己也知道抄不好，甚至对抄的行为抱以愧疚的心态，但由于基础薄弱，学生迫不得已抄。对此其实我们建议学校应采取灵活的选班方式，选学生时应有进有出。针对作业量大的问题，采取删题，甚至选择放弃这部分的题的措施。”（DT9）

（4）外部因素

还有的压力来自外部因素，因为本校与其他学校不同的是在高一时就文理分科，很多同学在那时还没有确定自己适合哪个科目，在家长的意愿下，或者因为一时跟风选择了理科，发现不合适的时候已经不能再调到文科班。一名女生表示：“只能硬着头皮学，因为不能再调到文科班了，如果一开始选择了文科班，我的成绩应该能在前列，但是我现在在理科班只是中游。”（DS1）

二、学生对双师课堂学习效果的评价

（一）两种课型

双师课堂通常由远端教师负责主讲，通过远程直播或录播进行授课。D中学引进的双师课堂主要为全日制高中远程直播教学，但双师课堂实施后，许多学生反映无法跟上一些科目的直播课程。经校方决定，暂停部分课程的直播课，改为采用“远端教师讲解+录播”的课堂教学模式，学生对两种课型学习效果的评价也不同。

1. 直播课

直播课课堂容量大，可以时时看到前端同学的反映和回答，更有学习的气氛，因此，相比录播课，成绩较为优秀的同学认为直播课的学习效果更好："历史这门课基本跟得上直播课。前端一节课的容量相当于远端教学三节课。""录播没有直播的效果好，因为直播有学习的气氛，录播就和放视频没有区别了。在对于直播课的难度较高这个问题上，认为自己应该更努力地去追赶，而不是让别人停下来等自己，自身的努力更重要。在课堂互动方面，时常感觉融入不进前端课堂的师生之间的互动，但是仍然想参与进去，想多听听前端同学的思路和想法。"（DS3）另外，也有教师认为直播课可能能够增加学生上课时的专心程度："我认为直播比录播更适合学生学习，原因是怕学生因为录播可以重复播放而产生惰性，不认真对待。"（DT9）

然而，大多数远端教师从班级整体学生的视角出发，认为在直播教学效果中文科的科目比理科科目好一些。部分理科科目，如数学、物理等，由于两端学生基础差异较大，教学着眼点不一致，且远端学生与前端教师无法实时交互，造成了部分学生不适应、教学效果不好的现象，认为跟不上进度的学生调到普通班更有益于其进步。受访教师们纷纷表示：

"语文、英语等科目学生基本能跟上，与成都七中的学生相比，成绩差距最小的是语文课，理科差距最大。在直播教学效果中文科的科目比理科科目好一些，理科高三基本跟不上。"（DT4）

"直播课没那么适切，现行的这套成都七中的资源本身是非常好的，它能够带领部分基础好的学生更上一层楼，同时对于教师的专业化成长也大有裨益。但是最大的问题是学生之间的差距，成都七中的学生的平均分距离满分相差20分，那么直播课的重点都放在这20分上，而我们的学生连他们的平均分都可能达不到，在这种情况下我们的重点就是他们的基础，这套直播课程就不太适用于我们的学生了。”（DT8）

“会将直播班的课程和教学资料有选择地用于普通班，以前我做过一个小实验，将直播班的视频给普通班放过三节课，但是最后效果反而不如教师普通授课好，因此我们也建议直播课大面积推广要慎重。”（DT7）

“不适应直播班的学生比较多，这种情况可以申请调到普通班。直播班在学生群体当中是“优质班”的代名词，有优越感，所以有些学生碍于面子不转班，但实际上跟不上进度。”（DT9）

“我认为目前的直播课课程难度还没有提高到真正的高考难度，在提高到高考难度之后才能体现出远端学生与前端学生的差异性。”（DT3）

“因为理科的直播课内容多且难度大，各门课的作业量较大，所以学生不得已只能应付，抄袭，这样可能就没法达到效果。”（DT4）

“直播班和普通班的平均分相差10分左右，主要是由于生源和直播课两个因素造成的。”（DL2）

“在条件允许的情况下希望能够增加直播课堂中前端教师与远端学生的互动、远端教师与远端学生的互动机会，直播课堂中能更关注一些远端学生的诉求。”（DT9）

2. 录播课

D中学从高二到高三学段的双师课堂班级从使用直播到慢慢使用录播，因为成都七中的课程进度太快并且难度高，故而一些课程采取录播的形式进行。受访学生表示录播课程可以反复学习，即使难度大也便于自己跟进，时间更灵活，学习效果更好——“生物和语文两门课采用直播课的形式，其他科目采用录播课的形式。认为录播课比直播课更适合我们，因为听不懂可以暂停、回看，远端老师进行讲解，时间安排上更加灵活。”“我觉得录播我更跟得上一些，适合自己的才是最好的。”（DS3）

相比于直播课，部分远端学生也认为录播课能够由教师灵活调控课堂，减轻学生的学习负担，帮助他们更好地消化吸收知识。并认为学生升至高年级时应询问学生的意见，了解学生的跟进情况，再具体决定课型的采用。受访教师访谈示例如下：

“录播课的处理效果会好很多，因为我们远端教师可以自由地调控。”（DT5）

“这种采用录播的形式对于学生来说可能更好一些，跟进得更好，知识消化得透一些，但是相应的我们教师的工作量也增加了，加重了负担。（DT7）

“到了高三应该使用分层教学，使用问卷、座谈会等方式询问学生的意见，学生认为能跟得上教学进度的比较多就继续跟，较少就采用录播课或者自己讲的形式，教师先进行备课后进行教学可能针对性更好。”（DT9）

（二）两端教师

在双师课堂中，两端教师包括了前端教师与远端教师。通过师生访谈，学生们均表示对目前的前端和远端的老师都很满意，两端老师都很尽职尽责，对自身学习提升的帮助很大，但两端教师具体的影响侧重点不同。

1. 前端教师

学生对前端教师的评价主要从成绩提升、拓宽视野、新颖有趣、思维提升等几个方面展开。笔者通过整理访谈资料，受访学生普遍认为自己有收获：

“前端老师的知识渊博，讲课生动有趣，能拓宽我们的视野，让我们见识到更大的世界。”（DS3）

“喜欢前端教师教学的主要原因有：前端教师的教学方法新颖，知识面广，经常会扩展知识点，很有趣，这是远端老师做不到的。”（DS1）

“希望每门课的前端老师能够印发相关的学习资料，这些资料挺好的，这样我们下来就能及时地进行预习和复习了。”（DS2）

“前端老师上课那种思考问题的方式、思维就特别好，感觉很新，我自己的思维也得到了提升。”（DS2）

2.远端教师

学生对远端教师的评价则主要从时间付出、精力付出、知识查漏补缺、课堂辅助等方面展开。学生们在访谈中提道：

“远端老师在担任直播班的教师的同时也是普通班的老师，因此同时要备两个班的课，这两个班的课程又不一致，学的教材也不一样，但是远端老师还是很认真地帮助我们理解一些我们不懂的知识点，我们也知道老师身兼数职的辛苦。”（DS1）

“远端老师会抓紧辅导课和一些课余时间给我们查漏补缺，这种方式对提高我们的成绩来说十分重要。”（DS2）

“远端老师也在上直播课的同时提升自己，比如数学老师经常在上课的时候如果遇到好的题目或者试卷会拿笔记下来，适当的时候运用到课堂上，这个知识点就更好消化。”（DS1）

“随着直播课的开设，我们对前端教师的讲解风格越来越熟悉。在上课时，远端教师关麦讲解提问其实对我们挺有必要，一方面我们不懂的地方他及时解决了，另外也算一种提醒吧，这样我听课注意力更集中。”（DS3）

三、双师课堂下学生学业问题的原因分析

第一，学生生源差异。成都七中面向全四川省招生，因此有丰富的优质生源；迪庆面向全自治州招生，且全州最好的生源被送到昆明市的重点中学，因此在生源上不占优势。这些生源差异就导致D中学的学生基础差，这就是他们学生跟不上直播课以及学习成绩提升不明显的主要原因。第二，该模式实施过程中忽视了因材施教的原则。成都七中网校的加盟学校都采用同样的模式，在实施过程中也没有任何差异。例如，成都市十一中学与D中学完全采用同样的直播。由此可见，该模式最大的贡献就是引进优质的课堂教学资源和教辅资料等，而将学生的差异化等问题全部交给了远端教师。第三，成都七中和项目学校将侧重点放在了教学资源上面，对学生的心理健康教育还是远远不够的。学生每天的任务除了上直播课和消化课外，就是做作业和预习直播课，前端和远端教师很少能够对学生的心理发展更多地关注。第四，非直播班学生对他们的看法。学校其他同学认为直播班属于“异类”，部分直播班学生受其影响而出现了不良心理；而他们的这种不良心理得不到释放时，归属与爱的需求便得不到满足。

第三节　双师课堂对远端教师专业发展的影响

一、D中学远端教师基本信息情况

（一）任教年级

根据图5-1可知，高一年级的远端教师最多，其原因是高一年级较高二、高三的双师课堂班级多，高一年级的双师课堂班教师大都跟了一届（即至少带过三年的双师课堂），参与双师课堂教学的经验丰富，本研究选择的访谈对象也是以高一年级的教师为主。

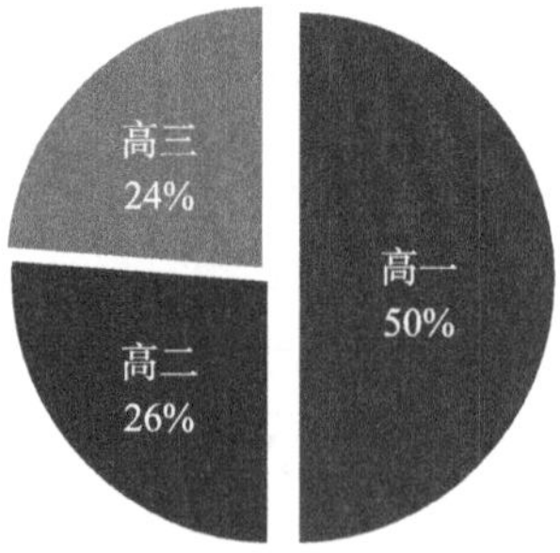

图5-1　远端教师任教年级的频率分布图

（二）教龄与职称情况

根据图5-2知D中学参与双师课堂的教师基本具有5年以上的教学经

验，其中超过一半的教师（55%）具有10年以上的教学经验。根据图5–3可知这些教师大都具有中学一级和副高级职称，可见双师课堂作为D中学的品牌项目，学校在选择教师进入双师课堂时，会考虑将一些有着丰富教学经验、教学能力强的教师选为双师课堂班教师。在访谈中了解到，D中学在选择远端教师时秉持“优秀教师对接优质资源”的原则。

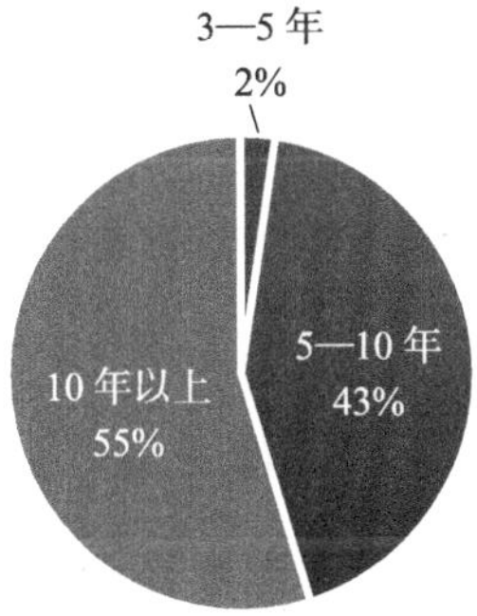

图 5–2　远端教师教龄的频率分布图

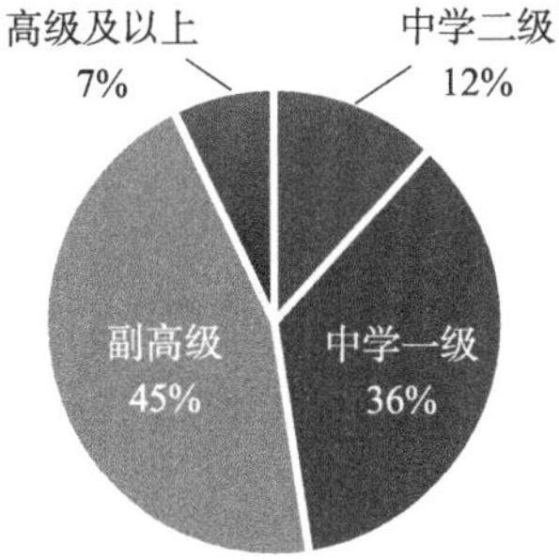

图 5–3　远端教师职称的频率分布图

（三）双师课堂教学经验

根据图5–4可知，D中学参与双师课堂的教师以1年和3年的双师课堂教学经验为主，3年以及3年以上经验的占绝大部分，D中学的教师对双师课堂的经验正处在摸索和积累当中，对其进行研究有利于总结经验并促进其更专业地发展。

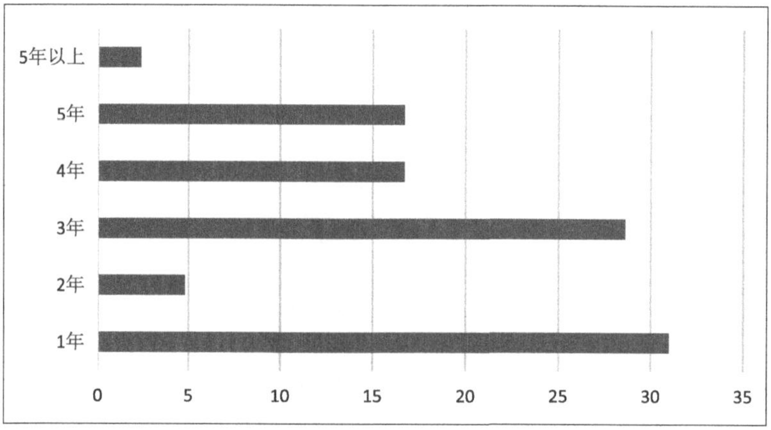

图 5-4 远端教师双师课堂经验的频率分布图

（四）作息时间安排

远端教师的作息时间分为一日作息时间和寒暑假时间安排。由于远程双师课堂班的作息时间与成都七中保持一致，远端教师的一日作息时间依据双师课堂班而定。至于寒暑假时间安排，成都七中每学期开学时间比D中学晚，放假比D中学早，D中学作息与七中不同，但因为参与远程双师课堂班的教师同时教授一个普通班，学校规定远程双师课堂班的教师要和普通班教师作息保持一致，因此远端教师为了兼顾两边，放假天数就相应减少，需要早开学晚放假。正如远端教师所言："两边作息不一样，双师课堂班现在（七月初）就开始考试，我们要到七月二十号，双师课堂班教师又要留着，回头开学又要提前开学，他们的假期通常要被缩短一个星期。学校也不会对这些有什么额外的补助。”（DT7）由于学校对于这种情况没有额外的奖励，这使得远端教师产生不满情绪，影响其工作的积极性。

（五）工资待遇情况

远端教师的工资待遇与普通班教师实行统一标准。D中学远端教师需要带一个双师课堂班的同时兼带一个普通班，因此需要根据两个课程计划和两套教材写出两套教学方案。另外，双师课堂班的作业量较普通班要多、难，远端教师往往也需要花大量的时间去做题，由于双师课堂在D中学处于探索阶段，学校目前没有专门的团队去做双师课堂教学的相关工作，受访教师坦言：“我们的工资待遇跟这个没有关系，双师课堂班是最好的学生，觉得可能带起来轻松，校领导觉得你来带双师课堂班对你是一种提升，你应该是愿意来带的。”（DT5）远端教师从备课、上课、课后作业的辅导工作量相应增加了，但不同的工作量却持有着相同的考核机制。

二、D中学教师培训概况

（一）D中学教师培训项目

近几年随着学校规模不断扩大，教师规模有所扩大，截至2019年7月全校教职工266人，但师资质量仍然有待提升，为此，学校也在为不断加强教育教学研究、加强教师队伍建设而努力。学校关于教师培训的项目为“引进来，送出去”模式，其具体方式为请专家引领、外出培训、远程双师课堂教学三种。在专家引领这一培训形式中，学校以教研组为单位，收集相关的教育教学问题，联合校外的专家和名师组织教育教学研讨，将研讨的结论及时反馈给学校各教研组，此外学校还聘请专家和校外优秀教师来学校进行培训，专家和名师们亲临课堂听课，根据任课教师的教学提出了相应的意见和建议。针对外出培训，学校开展了多途径和多层面的校外进修活动，如校长培训、班主任培训、学科教师培训、去外省著名中学参观学习等等。请专家来学校讲座和将教师送出去培训都需要投入大量的资金，虽然迪庆政府对学校投入的专项资金比较多，对于培训资金有一定的保障，但培训周期短，难以对教师形成持久的培训效果，培训内容往往理论性大于实践性，教师所学内容不能直接操作起来。双师课堂作为D中学品牌项目，为学校学生带来福祉的同时，也对学校的教师产生了一定的影响。学校本着物尽其用的原则，为弥补专家引领和外出培训的不足，也在探索双师课堂用于教师培训的途径，比如除了远端教师直接接受双师课堂影响外，还安排非双师课堂班的教师进入双师课堂班进行听课，未参与双师课堂的教师借鉴双师课堂班的教辅资料等。但由于该校引进双师课堂的时间短，学校使用双师课堂教学模式仍处于摸索阶段，该培训方式还未在学校形成制度化的培训方式。

（二）D中学远端教师培训制度

远端教师培训是双师课堂顺利开展的重要保障，D中学的远端教师培训由成都七中网校和本学校同时进行。每学年开学前，网校通过远程教研方式对初次参加项目的教师进行有针对性的培训。通过岗前培训，远端教师较全面地了解到双师课堂地基本情况、教学模式、教学评估、教学管理和学校文化等，并学习到前端教师的教学经验，以及如何进行网络课教学设计、如何上好双师课堂课、如何进行课后辅导等教学内容。D中学每年会组织双师课堂的教师去前端学校成都七中和双师课堂办得好的学校，如禄劝第一中学去学习交流，学习借鉴更多的其他远端教师工作的经验，“我们前不久去禄劝中学观摩，当时我们去听了两节课，一节是数学，还有一节是语文。语文课，老师插话（课堂内容补充）那个问题，那个语文老师就插得非常到位，什么时候插什么时候不插，他真的插得非常到位，而且对他们本部的学生学情分析更到位，他把握得很精准。”（DT2）

而本校针对远端教师的培训主要是D中学双师课堂的项目负责人对一些未带过双师课堂班的教师进行的培训，培训内容包括课中、课前、课后可能出现的问题和要注意的事项等，项目领导表示“对没带过双师课堂班的老师进行校内培训，相关培训内容比较细致，具体包括是否已经备课，资料是否提前下载，课中必须巡堂，关注学生上课的状态，组织课堂不能坐，穿针引线地补充内容；课后根据学生难以接受的问题，利用课前、课间几分钟再总结和补充，在黑板提示重难点等。”（DL1）目前，校内方面的培训双师课堂还没有形成专门的教师教研团队，参与双师课堂的教师只占据同年级教师的小部分，很多教师没有参与双师课堂，因此无法统一教师们的教研内容。

此外，前端教师也会深入远端学校，通过听课、专题会议、学生座谈等多种方法进行有针对性的指导，如“每个学期会组织一些双师课堂的老师去参加成都的研讨，包括直接到前端七中里面去进行交流、研讨。分科目研讨，他们是针对双师课堂课的研讨，包括给前端上课的老师提一些意见，跟他交流一些想法等。全国各个学校来的老师相互分享这种管理的经验，比如说我们遇到的一些作业多怎么处理，课堂进度太快怎么处理等问题。还会邀请一些双师课堂教学经验比较丰富的班主任、授课老师来进行交流发言等等，双师课堂教学是一个新生事物，大家交流的都是实际的，我们在平时管理的过程中，上课的过程中遇到的实际的问题，比如我在管理班级的过程中，在上课的过程当中遇到什么困惑，我们平时也会交流，我们有一个QQ群，在组织这种研讨会的时候，这些问题老师也会起来分享，他们是怎么做的，这种研讨会比较贴合实际。”（DT4）

三、双师课堂对远端教师专业发展的影响过程

双师课堂最大的特点就是促进优质教育资源共享，使得远端薄弱学校能够在信息技术迅猛发展的时代享受到优质的教育资源，改善教育资源分布不均的问题，也为远端教师专业发展提供了机遇。构建了“双师”学习共同体，让远端教师在工作中学习，在学习中工作，克服了教师培训时间和工作时间冲突的问题，大大缩短了教师专业发展周期：

“对教师影响真的很大，我刚进来那三年，从2010年到2013年到2014年的时候，通过自己的努力，还有本校老师的帮助，然后进步还是有的，可是中间有两三年感觉进入大家说的疲倦期了。之后我带了一次双师课堂班之后感觉提升很大，不仅仅是在教学上。”（DT1）

“双师”学习共同体中远端教师成为主要受益人群，其具体表现在“同时备课”、“双师教学”、课后交流、非双师课堂班教学四个环节当中。

（一）教师在“同时备课”中学习

课前“同时备课”，远端教师在备课的过程中有很多资源可以拿过来使用，一方面可以学习前端教师的备课内容、教学方法采用、教学设计技巧等，另一方面一些质量比较高的试题也会采用。一般“同时备课”的资

源只有远端教师使用，非双师课堂班的教师使用相关资源则需要的远端教师。提供D中学远端教师大多是年级备课组组长，会把前端课件进行加工在备课微信群里分享给非双师课堂班教师，非双师课堂班教师根据需要自己下载下来。通过“同时备课”学习前端教师的备课方法，掌握备课内容，并在课后将内容进行二次加工分享给非双师课堂班教师，这使得远端教师的专业素质得到相应的提升。

“我觉得七中的资源很优秀，包括一些考试、一些教辅的书，很多都是他们学校跟一些教育集团合作的，所以很多题目都是他们原创的，教辅很多也都是他们自己编的，我觉得他们的这些题目非常好，资源是共享的，包括上课时候放了一个视频，一个flash的模拟动画等，他们都会共享到他的网站上，然后我有权限我就可以去下载，这样的话这些资源都可以拿来利用。”（DT4）

“这些东西我们都是共享的，他们也经常来听双师课堂课。我们现在想的是让老师尽可能都用这个资源，资源是好的，每次下载建议教师可以用起来，借鉴PPT、备课资料、视频等等。”（DT6）

（二）教师在“双师”课堂中学习

课中“双师”教学，远端教师在配合前端教师的教学工作的同时，也会跟随学生一起观看双师课堂教学，远端教师的教学智慧在课堂教学实践中会间接地外显，这使得远端教师能够直接习得其他培训方式难以创达的“隐性知识”，例如教师教学技能和策略，如何把控课堂、如何巧妙地解题、如何处理与学生的课堂互动等，这有利于远端教师高级思维技能和策略性知识的获得。这种“双师”课堂带给不同学科远端教师的影响，也有所不同：

历史学科：实打实地教我们怎样去处理，因为我们实际的场景看多了之后，会知道涉及下一刻的时候哪些东西我该怎么处理，看到他们上那些课之后，我再慢慢转变我自己的教学方式，对我确实有直接性的作用。（DT1）

地理学科："像现在高三年级的郑老师，我觉得他的文化底蕴太深厚了，他教给学生的东西很多，因为他不仅看书还自己去旅游，积累了很多素材，所以我们地理组看了他的课以后，决定每年自己出钱，从我们迪庆开始，每个学期都要出去旅游一次。他给学生讲日本怎么样，我觉得不仅是知识方面、书本里面，还有他自己的一些生活方面的体验，旅游方面的所见所闻他都会告诉学生，我觉得对学生来说那种吸引力特别强。像郑老师那样的，我觉得他的知识面特别广，能够激发我们老师的那种求知欲望。"（DT2）

物理学科："他们双师课堂老师的准备上、课堂的教学、课后互动我觉得都非常到位，老师也是非常优秀的。对物理教材的把握，还有资源的利用、扩充补充，老师这一块都做得非常好，最好的就是对课堂节奏的把握，更加规范，他们比我们要更加规范。"（DT4）

生物学科："收获还是挺多的，比如那个老师讲课讲得很细，非常接近高考，我也跟着听。在教学设计这一块，也有帮助，有一些导入可能没有他那边导入得好。对老师个人能力有提高，那边老师都很优秀，对我的成长影响都是很大的。"（DT5）

英语学科："双师课堂班的优点就是他们老师的理念比较好，讲阅读的方式跟我们以前传统的不一样。以前我们一直在走一个误区，担心学生不能理解，就读一句翻译一句，其实以前这种做法是错误的。实际上阅读课就是让学生获取信息，掌握段落大意。自从有了双师课堂班，我们学校英语老师的阅读教学理念都有所转变。他们对待学生的态度就很温柔，课外的话题基本上不讲。情绪情感方面我觉得他们老师和学生交流非常和谐。比如说他们英语老师喜欢开玩笑，他们班有一个男生和一个女生在谈恋爱，比如说讲到男孩对女孩一见钟情，他就会把那两个同学揪出来讲，然后大家都在笑，所以我觉得他们对待这些问题不像我们那种必须把它扼杀掉那种，我觉得他们的态度还是比较开放的。”（DT6）

化学学科：“我带三届高三生，但在知识点把握上还是不够好，人家成都七中的老师做得比较合适，对知识点的把握更准确，比如上“碳”的知识点时，9个碳没有必要只要教到7个碳，我看了一下高考题，一般考10个碳以内，实际考的不超过7个碳，范围缩得很准确。”（DT7）

（三）教师在课后交流讨论中学习

课后，远端教师遇到一些有争议的问题也可以通过微信群、QQ群与前端教师进行探讨，讨论最多的是关于一些知识性问题，包括试题的解答、好的资料分享等，这种课后交流带给教师成长带来潜移默化的改变。此外，远端教师也可以将双师课堂的资源分享给非双师课堂班教师，在分享过程中，对课件的再加工使得远端教师对授课内容有进一步的熟悉，以利于学科知识的掌握，和资料筛选能力的提升。

“平时通过微信、QQ群在课前课后交流，一般就是问题，不会解的题等等，这样实际上对每个教师的成长作用我觉得还是有的，无形当中你也在不断地刷题，人家问这个题可以解释给他。这个微信群是我们原来2018届的，期末考试卷、有些人在某一个资料上看到一句话等，他觉得好就转发在这里。”（DT1）

“我感受最深刻的是在高三的时候，大家在一起讨论，彼此对于高考

题的研究，不同的思想在一起碰撞，感觉对大家很有帮助。”（DT3）

“别的班如果没带双师课堂班，他们也可以用，但是要通过我这里，比如像物理课，我是我们年级备课组长，所以我会把我加工的课件分享给他们，他们也不一定用，我有一个备课微信群，我会把我加工过的课件发到这个群里面，然后他们需要的话，就会自己下载下来，再加工，用到他们自己的班上去。双师课堂班的课件（底稿）我不发，有些老师需要会来拷。”（DT4）

（四）教师在非双师课堂班实践中学习

由于D中学实行远端教师带一个双师课堂班同时兼带一个非双师课堂班，即所谓的普通班，因此远端教师在远程双师课堂班课堂学到的经验，可以直接在普通班进行实践，双师课堂班的相关资料也可以经过远端教师修改后用于普通班。远端教师表示自己同时带双师课堂班和普通班的感受是两个班是互补关系，双师课堂班好的题目、方法可以及时分享给普通班，双师课堂班三分之一的教学资源应用于普通班。

“他们的课件不能完全应用于非双师课堂班，从网站下载之后我都全部储存下来，进行二次修改，我直接在上面修改，我们不能用的就删掉，然后我们要用的，包括我们自己书上的一些例题就把它插进去，修改后的PPT只能用于非双师课堂班，因为双师课堂班是直接用前端的课件的。不经过加工，直接拿来用肯定不行，因为那里面的一些例题很难选择，比如有些知识点对于我们学生来说我们没有必要补充这么多，但他们就要补充，然后把他们难的题目筛掉之后，我又把我们一些简单的例题放上去，要进行这样的改编之后，才可以用。”（DT4）

“PPT课件资料都会提前送过来，我们会根据学生的基础将特别难的知识点删掉，然后把PPT打印下来拿给学生，他那些PPT更改一下，我也可以用，我去其他班授课的时候，基本上可以用这个PPT，他们题特别多，也挺难的，我也要去做，做大量的题对我个人的提高肯定是有。”（DT5）

四、双师课堂对远端教师专业发展的具体影响

双师课堂的突出特点是“双师教学”，即一个课堂两位老师，在传统的课堂上远端教师是“传道授业解惑”的教学主体，双师课堂背景下，远端教师更倾向于将自己定位为“辅导员”的角色，主要对学生进行作业辅导、心理辅导以及课上课下内容补充。图5-5问卷数据显示，双师课堂背景下，远端教师主要承担的角色是学习和学习引导者、课堂管理者、答疑和辅导学生，双师课堂教学背景下教师很难成为教育创新者。远端教师在双师课堂背景下受前端教师（本研究中指成都七中的教师）的影响较多。因此研究主要以前端教师为主，辅以教材、双师课堂教学模式本身，从专业理念、专业知识、专业能力以及专业态度入手，对双师课堂教学背景下教师的专业发展现状进行深入分析，并对所获得的质性资料进行了系统的分类、整理和分析，并辅以量化数据作为研究佐证，以综合、审慎地得出研究结论。需要说明的是，表5-7为问卷回收的数据统计值，由于问卷均为正向判断性题目，且“非常不符合”至“非常符合”五个选项的赋值分别为1—5分，因此，平均值、众数与中位数越高，表明双师课堂对该维度的正面促进效果越强。

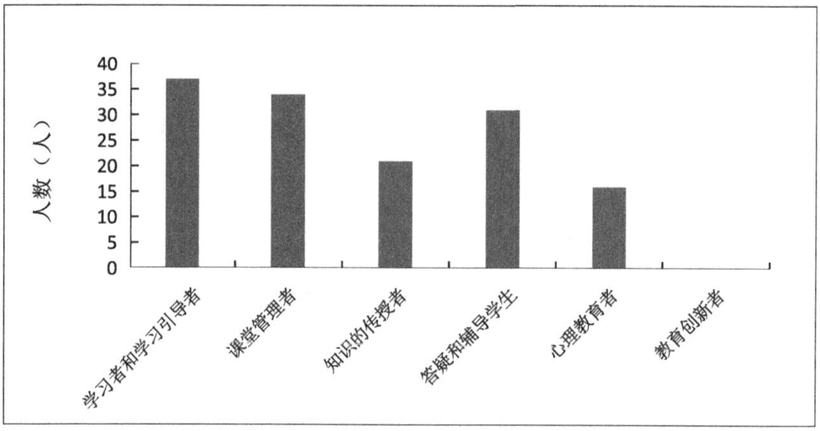

图 5-5　远端教师在双师课堂中承担的角色频率分布图

表5-7　各维度问卷数据统计值

维度	样本量	最小值	最大值	平均值	众数	中位数
教师专业理念	46	2	5	4.12	5	4
教师专业知识	46	2	5	4.17	5	4
教师专业能力	46	2	5	3.91	4	4
教师专业情意	46	1	4	2.38	2	2

（一）教师专业理念发展现状

“教师在对教育工作本质理解基础上形成的关于教育的观念和理性信念 —— 专业理念”，为教师专业行为提供了理性支点，使得作为专业人员的教师与非专业人员区别开来①。教师的专业理念反映的是教师对学生、对自身、对教学以及对教师职业的看法。表5-8显示，在“前端教师

① 叶澜，白益民等.教师角色与教师发展新探[M].北京：教育科学出版社，2002：230.

对我的学生观（关爱学生、尊重信任学生）产生了积极的影响”题目中，96.6%的教师表示符合，仅有3.4%的教师表示非常不符合，可见大多数教师认为自己的学生观在前端教师的影响下有发生积极的改变。在“前端教师对我的个人修养和行为（注重内外兼修）产生了积极的影响”的题目中，48.8%的教师表示非常符合，27.6%的教师表示比较符合，可见前端教师对远端教师在注重自身提升方面带来了积极的影响。在“前端教师对我的教学观（注重因材施教、引导学生自主学习与探究）产生了积极的影响”和“前端教师对我的职业观（爱岗敬业、团结协作）产生了积极的影响”的题目中，100%的教师表示符合，可见受前端教师的影响，在因材施教、引导学生自主学习与研究以及自身注重团结协作方面产生了积极作用。因此，从总体上看，双师课堂对教师的专业理念有着显著的正面助推作用，相关访谈结果也得出了相同的结论。

表5-8　教师专业理念受双师课堂影响情况统计表

题项	非常符合	比较符合	符合	不符合	非常不符合
前端教师对我的学生观（关爱学生、尊重信任学生）产生了积极的影响	27.6%	27.6%	41.4%	0	3.4%
前端教师对我的个人修养和行为（注重内外兼修）产生了积极的影响	48.8%	27.6%	20.2%	3.4%	0
前端教师对我的教学观（注重因材施教、引导学生自主学习与探究）产生了积极的影响	48.3%	24.1%	27.6%	0	0
前端教师对我的教师观（爱岗敬业、团结协作）产生了积极的影响	41.4%	41.4%	17.2%	0	0

1.从“管制”到“理解”：学生观的改变

认知冲突是实现概念转变的关键条件[①]。在双师课堂中，远端教师在辅导、答疑的同时也长期处于听课观察的状态，成都七中的教师在处理中学生常见“问题行为”时，对待学生的态度和问题处理方式与他们迥乎不同，一位访谈教师提到这样一件事：“他们英语老师很喜欢开玩笑，他们班有一个男生和一个女生在谈恋爱，比如说讲到男孩对女孩一见钟情，他就会把那两个同学揪出来讲，然后大家都在笑，所以我觉得他们对待这些问题不像我们必须把它扼杀掉那种，我觉得他们的态度还是比较开放、理解的。”（DT6）这些举措无疑将远端教师置于了认知冲突的环境中，在一定程度上促使本土教师对自身管理模式进行了批判性反思，有意识地更新了自身的学生观——“我们学校英语老师，自从有了直播班，我们的阅读教学理念都有所转变。他们对待学生的态度就很温柔，他们从来不批评，上课额外的话题基本上不讲。情绪情感方面我觉得他们老师和学生交流非常和谐，看到之后，现在我们对待学生的理念就不一样了。”（DT9）远端教师开始以平等视角不断思索隐匿于学生行为背后的身心发展状况、个体差异性，从而以更加温柔、包容的态度对待学生的所谓“问题行为”。

2.从“包办”到“放手”：教师观的改变

尽管D中学的教师大都恪尽职守、兢兢业业，但他们通常采取以教师为主导的“满堂灌”“满堂问”的传统课堂教学形式，通过多讲、反复讲来巩固学生知识，生怕学生不能理解或有所遗漏——“直播班的优点就是他们老师的教学形式比较好，讲阅读的方式跟我们以前传统的不一样。以前我们担心学生不能理解，就读一句翻译一句，担心学生英语阅读不能

---

① 吴娴，罗星凯，辛涛.概念转变理论及其发展述评[J].心理科学进展，2008（06）：880–886.

理解，自己都要读一句翻译一句，其实以前这种做法是错误的。”（DT6）然而，成都七中的阅读教学却并不深究文章细节，而是使学生在教师引导下采用自主探索、小组讨论等方式掌握全文，这让本土教师对自身的角色定位和角色行为产生了思考——“其实阅读课就是让学生自主获取信息，掌握段落大意，以前我们一直在走一个误区。自从有了直播班，我们学校英语老师这种包办的理念都有所转变。”（DT6）同时，本土直播班教师的自我反思也带动了学校教师队伍整体理念的转变，部分普通班教师开始尝试以引导者、协助者的身份参与到课程教学中去。

3.从“只重教材”到“也重经验”：教学观的改变

学生掌握好教材内容、会背、会解题即是大多数D中教师过往的教学目标，对教材以外的知识则拓展戋戋。在引进直播教学后，一些教师反思道——“像现在高三年级毕业班的郑老师，年轻人，我觉得他的文化底蕴太深厚了，因为他不仅是看那个书，他还自己去旅游，然后他给学生教的那些东西，他的地理素材那些就相当丰富，他给学生讲日本怎么样，我觉得是不仅是知识方面、书本里面，还有他自己的一些生活方面的体验，旅游方面的所见所闻他都告诉学生，结合一些实例去教学，我觉得对学生来说他那种生活性、吸引性特别强，这也是我们所欠缺和需要补充的。”（DT2）本土远端教师逐渐意识到，知识情境、生活经验与书本理论知识同等重要——“我们地理组看了之后，就特别激发我们老师的那种求知欲望。我们组今年就开始了，每年自己出钱，从迪庆开始，我们每个学期都要出去旅游一次，把一些生活、旅游方面的所见所闻结合着讲给学生，远的我们可能没有经济条件……”（DT2）即使无法让每个学生获得切身的经验，本土远端教师也尽可能先从自身做起，将教材知识与学生的生活实际有机结合，不断丰富课堂教学内容、优化课堂教学形式。由此可见，其原先只重教材的传统教学观已然改变。

（二）教师专业知识发展现状

新课程背景下的教师知识结构应该既包含科学精神，又包含丰富的人文精神，是一个包含文化知识、本体性知识（学科专业知识）、条件性知识（教育知识）、实践性知识等在内的多元的、复合的知识结构[①]。在信息技术迅猛发展的今天，教师还应对最新科学技术和社会科学信息有所了解，掌握一定的跨学科知识。表5-9显示，在“非常符合”项中，“前端教师让我对学科知识（自己所教科目的知识）有了新的认识”的值为58.6%，所占比例最大，说明前端教师在学科知识方面对远端教师的影响最明显。100%的教师认为前端教师对其普通文化知识、学科知识、实践性知识产生了积极的影响，96.6%的教师认为前端教师对其教育知识、最新科学技术和社会科学信息知识产生了积极的影响，93.1%的教师认为前端教师有利于其跨学科知识面的拓展，96.6%的教师认为双师课堂的教辅资料对其学科知识补充产生了积极的影响。访谈结果也收到了一致的正向反馈，教师们较多谈及了自身文化知识及学科专业知识的提升情况。

① 邓涛.新课程与教师素质[M].北京：北京出版社，2005：84-88.

表5-9　教师专业知识受双师课堂影响情况统计表

题项	非常符合	比较符合	符合	不符合	非常不符合
前端教师对我的普通文化知识（人文科学知识等）拓展很有帮助	55.2%	34.5%	10.3%	0	0
前端教师让我对学科知识（自己所教科目的知识）有了新的认识	58.6%	24.1%	17.2%	0	0
前端教师让我对教育知识（学生身心发展、班级建设管理等知识）有了广泛了解	31.0%	24.1%	41.4%	3.4%	0
前端教师让我注重实践性知识（教学经验）的积累	51.7%	24.1%	24.1%	0	0
前端教师让我对最新科学技术和社会科学信息有所了解	34.5%	44.8%	17.2%	3.4%	0
前端教师拓宽了我的跨学科知识面	20.7%	41.4%	31.0%	6.9%	0
双师课堂的教辅资料对我的学科知识补充很有帮助	55.2%	24.1%	17.2%	3.4%	0

1.“开阔”与“丰富”：学科知识的深化拓展

观摩和交流是双师课堂中远端教师增长自身学科知识的主要途径。在对直播课的长期观摩与跟进中，一些远端教师能够发现并吸纳借鉴新的知识视角，从而拓展自身的学科知识体系——“能开阔视野，他们一些解题技巧和站的高度很高，这让我也学到东西。”（DT8）“数学老师经常在上课时听到好的解法就拿笔记下来，有时候运用到其他课上。”（DS1）一些教师则关注到了知识点有机整合与衔接的方式，强化了自身学科知识网络的内在联结——“课堂容量跟我们这些课比起来好很多，他们是知识整合，实际上对我自己提高挺大的。”（DT3）此外，两端教师共同的讨论交流也是知识拓展的有效方式——“有一年高三时，我们两端几个老师一起讨论高考内容，他们对于那种知识的拓展方式，思想碰撞，感觉对我们很有帮助。”（DT3）二者间差异化的知识切入、呈现和处理对于拓展远端教师教学视野、增加其知识储备起到了积极作用。

2.“准确”与“新”：高考内容的精准把控

深度钻研高考试题和精准把控教学内容是高中教师构建自身学科知识体系的必然要求。D中学双师课堂的开展要求两端直播班做到“四个同时”，即同时备课、同时授课、同时考试与同时作业。也就是说，D中学直播班的学生与成都七中的学生执行着同样的课表，使用着相同的教材教辅和试卷资料。因此，远端教师能够直接获取成都七中的课件、习题等教育资源，这为远端教师掌握高考最新动向提供了良好借鉴——“七中的课件值得借鉴，他们对高考的研究还是挺深的。”（DT2）“资料更新换代快，没有陈旧的题。”（DT3）“七中的试卷题目好，难度也安排得恰当，比较接近实战。”（DT8）

除教学资料外，前端教师对课程内容的讲解也有助于远端教师更精准地把握高考范围——“我带过三届高三，但在知识点把握上还是不够好，人家成都七中的老师做得比较合适，对知识点的把握更准确，比如上‘碳’的知识点时，9个碳没有必要，只要教到7个就够了。其实我看了一下高考题，一般考10个碳以内，实际考的不超过7个碳，范围缩得很准确。”（DT7）无论是课前的课件准备、课中的内容讲授还是课后的试题练习，都能够有效帮助远端教师，尤其是青年教师更加明晰高考的考试范围，熟悉试题的基本架构、规律以及前沿动态等，这对于教师精准把握学科专业知识重难点、深入研究高考、找准成绩增长点等大有裨益。

3.“差距”与“使命感”：文化知识的自主提升

在直播课程的跟进和两端教师的交流中，远端教师开始自觉自身文化素养的差距与不足，不断激发的内生动力促使他们开展学习，受访教师谈道：“他们文化素养挺高的，感觉自己以前有一种典型的井底之蛙的感觉，在我们这些地方真正读书的老师很少，整体自我成长的环境特别差，课上更多地看到一种差距，那种使命感就更强一点……现在我的知识关注面比以前更广，比如说阅读，现在每天的生活里阅读就像是空气一样，是必需的。”（DT3）“他们会传播一些新的历史方面的知识和观点，这些可能是我们这个地方所欠缺的。我所跟双师课堂班的肖老师，他就特别喜欢读书，然后他会推荐你很多的书，实打实地教我们怎样去处理。实际的场景看多了之后，会知道涉及下一刻的时候我该怎么处理，看到他们上那些课之后，我再慢慢转变我自己的教学方式，对我确实有直接性的作用。”（DT1）一些文化素养较好的前端教师会自发精进专业能力，提高自身素质，由此产生的“鲇鱼效应”不断冲击着原本充满惰性的教学环境，逐渐催生出远端教师的差距意识，强化了远端教师队伍整体的自我增强意识，进而促使教师通过阅读等方式进行自主学习，其科学文化知识得以不断丰富。

（三）教师专业能力发展现状

教师专业能力是教师专业发展结构的一个重要组成部分。《中学教师专业标准》解读中，其具体分为教学设计与实施能力、班级管理与教育活动能力、教育教学评价能力、沟通与合作能力、反思与实践能力[①]。由

① 教育部教师工作司.《中学教师专业标准》解读[M].北京：北京师范大学出版社，2017：112–144.

表5-10“非常符合”栏可知，双师课堂背景下，远端教师的选择主要集中于“非常符合”和“比较符合”两个选项，且对教学设计与实施能力的影响最大。可见，双师课堂对远端教师的专业能力有着较为显著的提升作用。基于对访谈资料的整理分析发现，远端教师在上述五个具体方面均有所提升，并在日常教育工作中自然地、无意识地构筑了一条“间接经验积累 — 内容反思重构 — 课堂实践创新”的专业能力成长路径。其相互作用关系如图5-6所示。

表5-10　教师专业能力受双师课堂影响情况统计表

题项	非常符合	比较符合	符合	不符合	非常不符合
前端教师促使我重视教学设计与实施能力的培养	51.7%	20.7%	24.1%	3.4%	0
前端教师促使我重视班级管理与教育活动能力的培养	20.7%	37.9%	31.0%	10.3%	0
前端教师促使我重视沟通与合作能力的培养	13.8%	48.3%	34.5%	3.4%	0
前端教师促使我重视反思与实践能力的培养	24.1%	58.6%	13.8%	3.4%	0
双师课堂引进后信息设备更新促进我的信息技术应用能力的提升	17.2%	48.3%	20.7%	13.8%	0

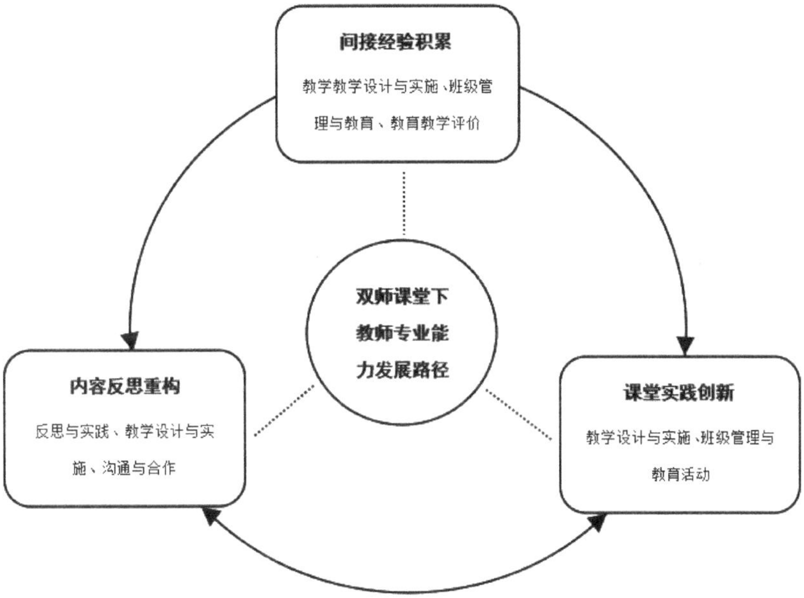

图 5-6　双师课堂下 D 中学远端教师专业能力发展路径图

1. 间接经验积累

对于远端教师来说，通过双师课堂对前端教师的课程进行观摩以及每周一次和前端教师进行备课，可以借鉴前端教师优秀的教学经验，不断丰富自己的教学经验，增强自己的教学能力。直播课堂为本土远端教师清晰地呈现了成都七中的“原生态”教学环境。通过长期观察优质案例，远端教师能够不断获得、吸纳并累积大量间接的替代性教学经验，并将其存储于个人头脑中，为自身教学活动提供素材支撑和智慧支持。受访教师们纷纷表示自己收获了许多有用经验，如在教学设计时能够有“更多教学思路的启发”（DT6）；在把控课堂时需要“精确到每五分钟一个单位”（DT4）；阅读讲解时能“让学生去探讨段落意思”（DT5）；管理时要善于用语言去塑造班级，“不断鼓励他们是优秀的”（DT3）；课前环节还应重视预习任务，做到“不预习不进课堂”（DT7）；学生的测验成绩可以进行多次评价，“学生纠错以后再考，再打分”（DT7）…… 随着直播课堂的开展，远端教师逐渐储备了大量的教学调度与课堂驾驭经验，与之相关的教学设计与实施、班级管理与教育活动、教育教学评价等能力也在这一过程中得以综合发展。

2.内容反思重构

一般情况下，前端提供给远端的教学资源在难度、深度、广度等方面都超出远端教学所用资源，并且D中与成都七中学生存在较大的基础差异。因此，远端教师在帮助学生理解课程内容的过程中会付出更多的精力去备课、去熟悉课程的内容等，这在一定程度上也能够激励远端教师不断地进行自我教学内容的重构。D中学生对直播课中知识点的消化吸收程度有时并不理想，这在数学、物理等理科上表现尤为明显。倘若无视学生差异进行完全一致的学习，远端学生恐将出现“水土不服”的现象。因此，教学内容的本土化重构是远端教师的必要任务。每节课后，远端教师需针对学生课堂学习表现不佳之处进行反思，切实考虑学生现有学习水平乃至学校所处地区语言、文化的影响，以明晰学生的思维壁垒，从而重构知识讲授方式，以进行有效的二次辅导。远端教师坦言：“直播课进度一直走，学生有些内容可能没有听懂，直播课累下来的问题，要换种办法让他们消化，下课了再去辅导。”（DT5），课前，远端教师还需及时与直播教师沟通对接，并对课程资料与作业进行重构——“很多题目是我自己先做，然后再针对这边的学生，转化一些课程内容，才更加符合这边的情况，但70%左右是成都七中那边的内容。”（DT3）在长期的“反思—设计—再教学”中，远端教师的反思与实践、教学设计与实施、沟通与合作等能力均在潜移默化中得到了提高，并能在“取长补短”中总结出适合当地学生的学科知识教学方式。

3.课堂实践创新

课堂教学实践是教师专业能力成长的主阵地，它让教师头脑中知识呈现方式的构想、教育理论、实践经验等都在教学中向学生敞开，在动态的、生成性的环境中使教师完成“二次创作”，能够实现教师技能的快速发展[①]。D中远端教师需同时承担一个直播班与一个普通班的教学任务，其在直播班所累积的大量优质教学内容、教学方法、课堂管理经验等皆可在普通班进行课堂实践，从而推动远端教师在有效互动中增强信心，在异质互动中明晰方向。受访教师谈道：“在教学设计这一块，有一些导入我可能没有他那边导入得好。那么我会根据自己的需要在普通班教学时引入一些他们的导入。”（DT5）“跟了直播教学后，我就发现这个时间要把控好，刚开始的时候是想把自己知道的都说给学生听，后来我发现节奏很重要，学生要有个吸收的过程和思考的过程，现在我普通班上课就会把这个时间安排得更紧凑，掌握好课堂的节奏，多留点时间给学生。”（DT4）通过扎实的实践应用、修整延伸，教师的教学设计与实施、班级管理与教育活动等能力都能够在磨炼中走向成熟。

在双师课堂中，上述三个环节并非孤立作用，而是相互联系、相互影响的。“间接经验积累”为“内容反思重构”和“课堂实践创新”提供了详实的素材，而后两个环节则紧密相连，相互促进。多次循环往复后，远端教师教学设计、实施、评价等多方面的能力不断加强，继而成长为业务精干型教师。

① 饶从满.教师专业发展[M].长春：东北师范大学出版社，2005：45-55.

（四）教师专业情意发展现状

教师专业情意是指教师在长期教育实践中所产生的对于自身工作的价值评价和情感体验，在教育工作中所产生的自信心、成就感、使命感等都是其具体表现。专业情意的积极发展将直接推动教师专业理想与情操的建立，是教师进行教育活动和行为的重要动力来源①。根据表5-11可知有41.4%的教师认为自己在双师课堂上感觉被动，难以调动起学生的积极性，44.8%的教师认为双师课堂的工作量让其感到疲劳。教师在选项的选择上总体趋势为“不符合”。由此可见，双师课堂不仅没有对远端教师的专业情意发展起到正面促进作用，反而产生了负面的影响，在访谈中，我们进一步明晰了产生这一现象的具体原因。

表5-11　教师专业能力受双师课堂影响情况统计表

	非常符合	比较符合	符合	不符合	非常不符合
双师课堂上我在教学方面感觉很被动	0	20.7%	20.7%	55.2%	3.4%
在学生作业辅导方面我常常感到力不从心	0	0	13.8%	72.4%	13.8%
在学生心理辅导方面我常常感到力不从心	0	0	24.1%	62.1%	13.8%
双师课堂上我难以调动起学生的积极性	0	20.7%	20.7%	41.4%	17.2%
双师课堂的工作量常常令我感到疲劳	0	27.6%	17.2%	51.7%	3.4%

① 宋广文，魏淑华.论教师专业发展[J].教育研究，2005（07）：71-74.

1.课堂角色巨变，主导地位坐失

在传统一师多生课堂中，教师承担着“传道、授业、解惑”的教学主导角色。然而，在双师课堂中，远端教师被直接推到了“辅导”的角色，从原有的执教者、教育创新者变为了课堂的管理者、引导者、辅导者，甚至是可有可无的旁观者，就像教师们说的那样：“就是扮演一个缝缝补补的角色。”（DT3）远端教师的主导权和话语权被大幅削减，这让一些教师无所适从——“我教直播课四年，不知道课堂上我应不应该插话，有时候我真的想提醒一下，但是那边老师也在讲，我也讲，学生听哪个？”（DT2）一些教师对自身角色感到尴尬、憋屈，对前端教师的部分教法感到焦虑，宁愿带普通班——“我觉得这身份挺尴尬的，如果给我选的话，我宁愿教一个跟这些学生差不多的普通班，课由我自己来讲，我可以根据学生反馈来进行一个解读，有的题、知识点不一定要这样表达，但是直播听课的话就已经定了。”（DT5）课堂角色的转变使得教师传统的主导地位受到严峻挑战，由此带来的不适感、失落感和焦虑感对教师的教学热情产生了消极影响。

2.情感依赖转移，师生距离异变

传统课堂中，教师在长期教学中展现出来的广博知识、出众的人格魅力等会使得学生自然地对教师产生尊重和敬佩之情，彼此交流沟通也能够增加师生间的情感体验，不断增强学生对教师的情感依赖，从而达到“亲其师，信其道；尊其师，奉其教”的良好学习成效。但在双师课堂环境下，远端教师的教育主导权移位，打破了传统师生间的情感平衡，学生对前端教师有着更强的情感联结，甚至自觉前端教师才是他们真正的老师——“去年高考结束的时候，成都七中的几个前端老师来我们学校，然后那些学生就很激动地拥在成都七中老师身边，七中老师走的时候，那些学生在那里哭啥的。几个带直播班的老师就抱怨说跟了他们三年，也没见他们这么激动过，这个老师就从屏幕里面走到他们前面，他们就这么激动。”（DT3）“学生心底里觉得视频里的老师是他们的老师。”（DT5）此外，部分学生对远端教师信任感不足，师生心理距离疏远甚至断裂——“你教直播班，你会感觉学生对你不是很亲近，会有点不太信任你，觉得屏幕里面的成都七中老师更权威。但是你同时教的其他班，他们会跟你特别亲。”（DT1）“直播班学生就不会主动跟你沟通。”（DT5）师生关系淡漠、信任感缺失，大大降低了教师被需要、被认同、被尊重的情感需要，不利于教师自我认同感和自我价值感的建构。

3.成绩权责模糊，个人成就弱化

双师课堂采用远程直播教学，看似远端教师只需担任轻松的辅导工作，实则对教师提出了更高的要求。一方面，远端教师必须时刻关注课堂，发挥好自身的协同作用。当远端学生出现疑惑时，教师必须主动把握好插话、板书、点评的时机，既不能干扰正常的直播，又要起到提点梳理的作用。教师必须直播、学生两头兼顾，需要消耗较大的精力。另一方面，由于直播班与本地线下班使用的教材和资料不同，且两端学生差异大，远端教师在完成普通班教学任务的同时，还需耗费大量时间二次备课、遴选教辅资料和进行课下辅导，受访教师也不禁诉苦：

“去年高三我真的要崩溃，连备课都备不过来，这边直播班我要备一次，直播班三本书，我自己的民族班三本书，我真的是做题都要崩溃。我们还是文科老师，同样的理科有一个老师，好像是还有六年就要退休的老教师，他说做题真的是觉得自己时间都不够用了。”（DT1）“我自己整合了一下课程，备课量变大了，因为我听了以后自己要备，像我这种年纪的人一般备课量不应该这么大。那里面的很多题目也是我自己先做，然后再针对这边的学生来的，转化了一下课程的内容之后，才能更加符合这边的情况，平时还得批作业。”（DT3）“学生直播课累下来的问题，晚上上完课，我还要去辅导。”（DT5）

远端教师甚至比普通班教师更苦更累，但学生成绩的提高几乎都归功于成都七中的前端教师，辛苦付出得不到相应的认可和回报，远端教师难免心态失衡——“就是感觉付出了很多得不到承认，我去年有个非常熟的直播班学生家长，她儿子直接就告诉她说我们生物好是因为成都七中老师教得好，她也会觉得她的孩子成绩好是因为成都七中老师教得好，而且这种情况还非常普遍，很多家长都这样认为。”（DT5）“我们现在成绩好了是成都七中的功劳，成绩差是你带班老师的责任，就算我学生天天考第一，我跟人家有啥关系？没有任何关系。”（DT3）远端教师的辛勤付出被忽视甚至抹灭，其个人价值感、成就感被弱化，难以在现实工作中获得内在的“自我实现”价值。

五、双师课堂下教师专业发展的问题分析

（一）双师课堂教学模式本身带来的挑战

1.双师课堂挑战传统的教师角色

D中学项目负责人表示学校引进双师课堂不是难题，而问题的关键在于教师怎么去利用资源，东西引进来之后，很多教师不愿意用，甚至会有一些抵触的心理。远端教师自觉自己在课堂上扮演了一个非常尴尬的角色，会有一种“失衡”的感觉。传统的观念认为教师是“传道、授业、解惑者”，然而双师课堂背景下，远端教师在课堂上的地位由“教学主体”

转向“导学主体”，双师课堂将远端教师推到了“辅导”的位置，话语权和主导权的“被剥夺”，让远端教师很不适应，认为自己不再是一个执教者，而是一个可有而无的旁观者，自己在课堂上无法展现自己的教学能力和教学水平，身份尴尬：

“我们现在出现成绩好了是成都七中的功劳，成绩差是你带班老师的责任，所以你说谁愿意？而且没有区别的，我学生天天考第一，我跟人家有啥区别？没有任何区别。”（DT3）

“我觉得这身份挺尴尬的，我如果给我选的话，我宁愿教一个跟这些学生差不多的普通班，我自己教课的班，课由我自己来讲，我讲难题难点的时候，我可以看我的学生的反应，我可以看他的表情，我可以根据他的反馈来进行一个解读，而且这题不一定要这么讲的，我也可以那样讲，这个知识点我不一定要这样表达，我也可以举个例子来表达，但前端的话听课就已经定了。我去年有个非常熟的双师课堂班学生家长也是老师，他儿子直接就告诉他说我们班生物好是因为我成都七中老师教得好，然后她妈妈也觉得因为成都老师教得好，其实很多家长也会有这样的想法。”（DT5）

2. 双师课堂挑战传统的师生关系

“亲其师，信其道”，前端教师的出现让传统的师生关系受到了挑战，本校教师和学生在知识上的沟通仅限内容补充，削弱了他们在学生心中的“权威”形象，导致远端教师工作积极性受到影响，自主发展的动力不足。

“由于教学处于尴尬的地位，所以我们自身在学生面前就可能要强势一点，不然会出现这种情况，他们只听远端的，你教双师课堂班，你会感觉学生对你不是很亲近，但是你同时教的其他班，他们会跟你特别亲近，双师课堂班的学生会有点不太信任你，觉得里面的老师更权威。”（DT1）

“去年前年高考结束的时候，成都七中组织前端教师来我们学校，当时有几个老师来，那些学生就很激动拥在前端教师身边，前端教师走的时候，那些学生在那哭啥的，然后我们远端那几个老师抱怨说我跟了他三年，也没见他这么激动，这个老师就从屏幕里面走到他前面，他这么激动。”（DT3）

“学生心里面觉得他们的老师是视频里面的老师。”（DT5）

3. 双师课堂挑战教师教育教学能力

远程双师课堂“双师”如何协作考验远端教师的课堂把控能力，双师课堂教学带来的课堂互动困难让远端教师的教育教学能力受到了挑战：

“互动的时候我曾经试过，他们提问的时候我把那个声音关掉，他们回答的快，然后我们回答可能需要思考那个东西，所以出现我开声音时他们已经讲到后面去了。还有一种方式就是录了之后然后再放，但是可能又会都会出现课时可能。我曾经试过，我把内容听完之后，我自己给他们上，但这样首先对于老师肯定自己会累一些”（DT1）

“我也听到其他老师在上课的时候，他们会去提醒学生一下，我就在想，那边老师在讲，我也在讲，学生听哪个？ 我教双师课堂课四年的一种感触，应不应该插话？我在听的时候我在想，学生应该听你的，还是听双师课堂老师的，这就是一个难题了。”（DT2）

“有时候我觉得我上双师课堂班我还失落的。因为我上一届自己上一个非双师课堂班和一个双师课堂班，双师课堂班我还是班主任，然后我那个非双师课堂班平均分还高于双师课堂班，尤其是作业也会多出来。当时就觉得自己很多地方实际上就是使不上劲。”（DT4）

“讨论环节，我们就把音量给关掉，但是我们这边学生他速度慢，一个同学回答完，人家三个同学都回答完了，但是没办法，看到老师把节奏调到下一个环节，我们也赶快，这种就是我们的学生其实有一点锻炼，但我们的速度要比他们慢得多，比如说这篇文章讲了以后，老师要让他们发表下自己的看法，他们那边会有四个可以发表意见，我们这边的话只能挑出两个，就是两个同学讲完，估计人家四个同学就讲完。”（DT6）

（二）远端学校相关制度不健全带来的挑战

1.选拔机制不完备，影响“师徒制”关系构建

教师选择方面，双师课堂作为D中学的品牌项目，学校在选择教师进入双师课堂时，会考虑将一些有着丰富教学经验、教学能力强的教师选为双师课堂班教师，选择优秀的教师进入双师课堂班作为远端教师去辅助前端教师的教学工作，实际上是造成了一种“隐性资源浪费”，根据教师专业发展阶段理论，年轻的教师更需要成长的空间和条件，双师课堂为远端教师营造了“在工作中学习，在学习中工作”的学习环境，非常有利于形成前端优秀的教师带远端年轻、经验不足的教师，形成“师徒制”，促进远端年轻教师发展，并缩短教师专业发展周期。然而远端学校却恰恰相反，选择了全校教学经验丰富的教师进入双师课堂的课堂，成为远端教师，教学经验丰富往往会形成观念固化的思想，要想改变他们比改变年轻教师会困难许多，不利于“师徒制”关系构建，使得双师课堂对远端教师作用没有最大化，造成了资源“隐性浪费”。此外，远端学校本身缺乏优秀的教师，在本身就匮乏的优秀师资群体中选择一部分成为远端教师，这部分远端教师不能发挥其教学作用，使得这一部分的教师不能为远端学校创造最大化价值，这对远端学校的教师而言也是“隐性损失”。

2.培训机制不完善，影响远端教师受益实效

D中学关于远端教师的培训，前文提及主要分为校内和校外两种，校

外培训主要是将远端教师“送出去”培训，D中学每年会组织双师课堂的教师去前端学校成都七中和双师课堂办得好的学校例如禄劝第一中学去学习、交流经验，本校内双师课堂的项目负责人会对一些未带过双师课堂班的教师进行培训。校外、校内校外的培训一定程度上对远端教师的专业发展起到了作用，但校外培训由于频率低、周期短，内容没有针对性培训而导致效果不明显；校内培训，在教师教研方面，由于参与双师课堂的教师团体小，且还没有形成专门的教研团队，因此难以统一教研内容，学校也难以形成规模化的培训机制，这两种主要的培训方式均未能满足远端教师专业发展的需求。

“我们会去前端交流，我上个月刚去的，我们去年也去了，时间是不固定，就是去一天吧，上午听课，然后下午是一个前端的老师讲了一下，然后成都那边有个老师讲了一下，就是交流一下，也算是一个培训，双师课堂班的培训实际上是一个商业化的操作模式，就是做一个广告，没有针对性，去年假期去学习，感觉真正能够适用的，没几招，都是讲一些好听的好看的，这样对教师的发展也不利。”（DT3）

“平时的教研活动很少研究双师课堂教学，比如说我们三个都是物理老师，只有我上双师课堂班，另外两个都不上，那我们一起研究双师课堂就没有必要。但是我们双师课堂班的九个科目老师，高考是六个科目，包括班主任在内，我们六个在一起的时候，我们就重点谈论如何把这个班双师课堂的效果达到更好。”（DT4）

3.考核机制不全面，影响远端教师工作积极性

在教师考核机制方面，学校的双师课堂班教师和非双师课堂班教师实行统一的标准考核，并没有给予适当的考核倾斜。校方认为，远程双师课堂班是最好的学生，带起来轻松，这对教师本身来说是一种提升，教师们是愿意来带的。然而实际上远端教师承担的工作量却比普通班教师要多：

“双师课堂班的老师很辛苦，真要当好的话，可能比其他班的老师要累得多，但有时候非双师课堂班老师还觉得双师课堂班老师不用备课、不用讲课等等啊。但我认为真正用心的远端老师工作量会比非双师课堂班老师多一倍，因为写教案要写双份的，两个班教学进度不一样，内容把握的重难点也不一样，双师课堂班是个良心活，真正要做到位，比其他非双师课堂班老师更苦更累。将外部资源改造后给学生用，对学生挺好，但老师的工作量会增加。”（DL2）

不同的工作量，相同的待遇，对此，一些远端教师也发表了自己的观点：

“我们这边双师课堂班老师跟非双师课堂班老师就是无差别对待，虽然引进了，但是学校这边具体的细分工作完善做得还不是太好。”（DT2）

“学校把双师课堂老师跟普通老师还没有区分开，没有区分度，所有的老师就一个感受，要用我的时候就告诉我你是优秀的，官方也说选最好的老师，然后上双师课堂班，但是配套的措施比如说教师待遇还是不完善，不完善的话谁也不愿意，很多老师可能内心的幸福指数很低，所以实际上双师课堂班的老师，我觉得很多时候都是一群‘冤大头’。”（DT3）

第六章　民族地区中学双师课堂互动分析

相较于传统的面授课堂，双师课堂中有着外在的“物理距离”及师生内在的“心理距离”，并兼具传统课堂与双师课堂的双重特点，在这种新型教学模式下，各教学要素之间的互动需要重新定义和指导方向。迈克尔.G.穆尔（Michael.G.Moore）的交互影响距离理论模型（Theory of transactional distance）[①] 影响了许多的学者，是最流行的互动模式之一。该模型强调的影响距离包括物理和心理两个维度。由于DE的交互主要强调物理距离，这可能导致教师和学习者之间缺乏理解。他的理论因此分析了这种关系：

一是学习者与教师的互动：这种互动过程着重于师生间的对话，并涉及教师提供的教学指导、“脚手架”（scaffolding）和支持。教学的目的是激发或保持学生的兴趣并提供学习动机。二是学习者与学习内容的互动：是指学习者与课程资料的互动，具体包括教育视频、各种形式的媒体（例如教程和基于Web的课程）、基于游戏的活动和协作项目等。在此类互动中，在线内容为认知教育过程提供了认知刺激。三是学习者与学习者的互

① MOORE，M.G（1989）. Three types of interaction. The American Journal of Distance Education，3（2），1–6.

动：是指在有或没有指导教师在场的情况下，同伴互动和小组合作。包括协作，讨论和同行评审。学习者间的互动程度受教师的在场或角色以及接触频率的影响①。四是教师之间的互动：教师间的互动可以促使信息流通，提高各种教学材料和资源使用的效率。特里·安德森（Terry Anderson）的相互作用理论通过关注教学中的互动和社会因素等方面增加了这一互动形式，这与教师在选择、开发和应用教学资料中的作用相吻合。

教育教学的过程实质上就是教师教与学生学的过程。在传统的教学模式下，教师要想将教育内容高效地传递给学生就必须要跟学生进行有效的教学互动。在双师课堂教学模式中，不只要重视师生之间的互动，还要重视"双师"（前端教师与远端教师）之间的互动、前端教师与远端学生之间的互动以及远端学生与前端学生之间的互动。此外，这些互动不只是在双师课堂中进行，有的是在备课中进行的，还有的是在预习过程中进行的。交互影响距离理论为双师课堂的互动效果研究提供了理论框架，这一理论阐述了双师课堂中学生、教师、课程内容等教学要素之间的关系。而这些内容恰恰在交互影响距离理论中有所体现，理论中对学生与教师、学生与课程内容、教师与教师、学生与学生之间的互动特征分析，具有一定的影响和启发意义。基于穆尔的理论，通过具体分析学生与教师、同伴以及课程内容之间的互动情况，以便后续深入探讨双师课堂教学的效果及可行对策。

---

① FRISEN，N.，& KUSKIS，A.（2013）. Modes of interaction. In M. G. Moore（Ed.），Handbook of distance education（pp. 351–371）. New York：Routledge.

第一节　师生、生生间的教学互动

一、前端教师与远端教师互动

（一）互动表现

调查发现，成都七中与迪庆 D 中学（远端学校）并不能完全做到城乡异地同堂直播教学的“四个同时”，即同时备课，同时授课，同时作业，同时考试。负责教授高二年级直播班英语课的老师表示：“完全与成都七中的直播课一致是不大可能的，难度也是非常高的，以目前我们学校的师资和学生的水平来说完全跟上是不太现实的。”前端英语老师给同学们听写英语时，远端师生也会在同一时间听写，但是前端和远端听写的英语单词完全不是一个内容，也不是一个难度。在教学时前端教师详细讲解词汇搭配和语法，远端教师只提问基本标准答案。同一词义，前端学生能回答出较复杂的单词，远端学生只能回答较简单的单词，例如：永恒，前端学生的回答为：permanent，远端学生则为：forever。在学生水平存在巨大差异的情况下，双师之间的配合也存在着巨大的鸿沟。通过访谈我们了解到，每门课程的任教老师和前端老师每周都会有一次共同备课的时间，但由于成都七中的每个直播班对应的是远端多达几十个班级的受众，而这些远端班级来自不同地区，有着不同的民族成分，这种一对多的备课方式导致前端教师不能与每一位远端老师进行针对性沟通。在备课时，远端教师只能采用文字的形式向前端教师进行反馈，前端教师依据问题的复杂程度选择使用文字、语音或者视频的方式回答远端教师的问题，反馈不及时的现象时有发生。备课的内容多是前端教师交代本周课程实施的计划和流程、备教材、备教法、备知识，但是对于学生的学情就无法考虑了。对于这种情况，远端教师都一致表达理解，教授历史课的 Y 老师表示："毕竟远端还有那么多学校，全部都关注到每个学生的需求确实是不可能的。"教师间配合不良还体现在直播课中远端教师会在前端教师讲解一些知识点时插入自己的观点，有时并不认同前端教师的观点，但是由于前端直播无法暂停，远端教师的补充或者说明只能仓促进行，学生不光听不清前端教师的讲解，也听不清远端教师的补充，最后两边都耽误了。

（二）原因分析

第一，"一对多"备课模式的缺陷。同时备课的过程中，一位成都七中的授课教师作为前端，数十位甚至近百位的项目学校老师作为后端，因此在备课互动中自然以成都七中的教师为主，加上项目学校的老师太多而备课时间有限，每次备课就只能反映一些大家共有的问题。第二,七中老师备课内容准备不充分。该模式刚实行时，七中老师备课还是很积极认真的，随着时间的推移，部分七中老师也出现了不认真准备备课资料的情况，使得备课会的备课效率提不上去。这样也会影响项目学校教师的备课参与性。第三，老师的空余时间少。不管是成都七中还是项目学校，老师们的教学任务过重，加上备课、批改作业和试卷等大量占用着他们的时间，因而没有足够的时间就具体的教学问题进行沟通，更不用说七中老师跟项目学校老师面对面进行交流了。第四，成都七中网校的双师课堂教学模式在互动中存在先天的不足。该模式的双师课堂媒介主要以卫星网为主而以互联网为辅，这里的前端老师不是坐在电脑或平板前，而是直接地参与到成都七中的课堂教学中，因此无法跟远端课堂的学生实时沟通互动。

二、远端教师与远端学生互动

（一）互动表现

由于成都七中直播课堂中的学生基础较好，所以教学起点高、难度大、课堂容量大。迪庆D中学的学生普遍反映数学、物理、化学等理科科目和英语这类难度较高科目的课堂容量，比传统的课堂容量大，导致远端学习基础较差的学生难以适应。前端教师面对情况各不相同的多个远端班级，不可能根据某一个远端班级的情况来调整自己的课堂教学。在这样的情况下，就需要远端教师代替前端教师，与远端的学生进行及时的交流互动。这时远端教师与远端学生之间的互动交流，就代替了前端教师与远端学生之间的交流，这种交流互动的方式被成都七中网校称为转移交互。

在实际的转移交互运用中，由于前端课堂是大容量、快节奏的直播课堂，远端学生大部分注意力都集中在前端课堂中，对于远端课堂的关注就相对减少了。此时远端学生的视觉、听觉都必须跟着前端教师的节奏，学生在访谈中表示："我们是跟着前端教师的问题回答，虽然前端教师对于远端学生的回答没有回应，但是我们自己的老师可以听到以后，根据我们的同学的那些回答，然后对不同的同学有不同指导。有时候远端教师关闭前端互动环节的声音，带领学生进行互动，但是总感觉神经紧绷，生怕一会儿又错过什么内容了。"（DS2）长期处于这种紧张的状态下极易导致疲劳，学生容易打瞌睡或者走神。另一方面，前端课堂师生进行互动时，虽然远端教师会要求远端学生也作出相应的回应，但效果并不理想。学生访谈结果显示，双师课堂远端师生的互动频率显著少于普通课堂，这也反映了双师课堂中的一些弊端。调查结果显示，近70%的教师认为其教学的自主性受到了挑战，“这种‘双师课堂’的模式在一定程度上是很新颖的，但是我们这些远端教师在一开始的时候其实心里有些失落，毕竟感觉不像从前一样在课堂上有着主导课堂节奏的地位了。”（DT3）远端教师在进行转移交互时，往往将重心放在前端课堂中，在课堂上也以前端教师的指令和教学节奏为主，引导和监督为辅。近一半教师认为其课前后给学生辅导过程中和与前端教师互动方面存在很大的困惑，近 55% 的教师认为其在直播课程中给学生辅导过程中存在很大的挑战。教师在访谈中表示：

“可能最大的难题就是课堂上的互动环节，互动这个特别难处理，一个是时间的把控，一个是我问题的预设。如果我上成录播课，很多时候我就可以自由地调控时间，但是这样的又出现一个问题，就是教学进度肯定是落很多。”（DT8）

“我如果关掉直播互动环节的声音进行互动，那前端与远端的进度难以保持一致，例如远端教师关闭声音让学生们回答问题的时候，屏幕上进度快提前公布了答案，那就会影响学生去回答这个问题的自主性。”（DT2）

“我认为自己在上课时也有很多的不足之处：在直播课中没有机会提问学生，作为远端教师与学生在课上互动的较少，这也是自己没有处理好的地方。”（DT6）

“在师生互动方面，我自己作为远端教师更关注以下的几个方面，一是学生的状态，二是学生在课上笔记的记录，三是前端教师在课堂上强调的一些技巧方法的记录。真正和他们之间的交流互动还不够。”（DT1）

“刚接触直播课时，上课时学生一片鸦雀无声，现在好些了，有些学生敢于跟着直播课回答了。但直播课上留给远端学生讨论的时间很少，多数把讨论放在课后。我会记录直播课中远端学生的问题在辅导课上或者课下进行辅导。课后有两节辅导课加一节历史晚自习的时间。这样来增加与学生们的互动，但也觉得效果不是特别好。”（DT7）

对于教师而言，这种心理上的落差、互动过程中的困惑、互动带来的挑战无益于双师课堂的推进。教师找不准自己在课堂上的位置，就相当于指路的明灯处于迷雾之中，学生也就更无所适从了，难以与教师间生发促进学习的有效互动。

（二）原因分析

前端教师与远端学生之间的互动具有虚拟性的特点，也就是说前端教师讲课的时候直接与前端学生交流，远端学生将自己虚拟成前端课堂中的一份子参与交流，前端教师无法同步得知远端学生对知识的掌握情况。D中学的学生在“励志教育”中这样写道：“当前端老师问都听懂了吗，我们都说没有听懂，前端老师完美地翻页”，这对远端学生的学习心理产生了消极的影响。在双师课堂中，远端学生提问的机会也很少，比如有的同学灵光一闪，产生了某一个问题，但压根就解决不了，这个也就不利于思维的发散。此外，远端学生也参与到“替代交互”中，主要是通过观看视频中前端学生与老师的交互而形成的。在一定程度上，也会影响远端学生的听课积极性，完全将自己当作“观众”。远端教师作为辅助者，与远端学生的交互显得被动很多，一方面要把握住前端教师的授课内容与节奏，另一方面把握学生的课堂反应。因此，远端教师要想与远端学生做好互动比较困难，对远端教师的授课技巧有很高的要求。处理好了对学生的听课效率有很大的提升，处理得不好则会严重影响学生的听课状态。据大部分同学反映，远端教师经常在前端老师讲课的同时辅导学生，两个老师的声音混在一起很难听清楚任何内容，这样不仅严重干扰了学生的听课，还严重影响了远端学生听课的心理状态，甚至使学生对课堂产生了反感。

三、前端教师与远端学生互动

（一）互动表现

与传统的教学模式不同，直播教学模式里的前端教师、远端教师、远端学生的三方关系中，以前端教师为主导，远端教师为辅导。这种双师课堂突破了传统的师生关系，不仅存在前端的师生关系，还存在远端的师生关系；不仅有远端教师与学生的互动，还有前端教师与远端学生的互动。在这种新型的师生关系中，由于教学过程是紧紧围绕前端教师的，远端教师与远端学生的互动直接影响了直播教学的效果。通过随堂听课发现，前端教师与远端学生通过直播屏幕进行“面对面”的直播教学，但是在这个过程中的互动性远远没有达到预期效果。师生互动应是双向的，而直播课并没有前端教师和远端学生之间的互动，因此这种远端学生跟着前端教师一起回答的方式并不能算是一种互动，其中一名成绩较好的女生笑称：

“我们班并没有与前端教师互动的习惯，那种全班一起回答前端教师的问题的情况在我们班不存在，刚开始上直播课的时候我和其他个别同学会开口回答前端老师的问题，但是那样的同学在我们班是“异类”，所以久而久之我们也不互动了。”（DS1）

“经常出现的情况就是前端老师问这个公式是什么，前端的同学们都异口同声地回答，但是我们就坐在那看着。其实远端的老师对于我们不互动的情况感觉很恼火，说不是在跟一群学生上课，而是在跟一群兵马俑上课。”（DS1）

直播课上远端学生听课的问题及思考没有办法直接通过与前端授课教师进行互动交流解决，远端学生的听课状态及课堂中的行为举止，前端教师关注不到，不可能与远端学生进行互动交流，更不可能与单个的远端学生进行互动。一些教师谈及互动效果说道：

“远端学生与前端教师的互动融合不好，班里只有3、4个学生能完全跟上前端教师的思路。”（DT8）

“我认为直播课的课堂互动不理想，远端学生与前端教师的积极互动只存在于一些学科，远端学生多与远端教师交流。我认为直播课互动的开发很有难度，因为是直播，所以就面临着几方面的问题，一是互动的时间不可控，二是互动内容方式不能预设，三是直播形式导致互动难以操作。”（DT4）

“有一次一个学生在励志册中反映，直播课上前端教师问：‘这道题大家都听懂了吗?’前端学生回答懂了，远端学生纷纷回答没听懂，但前端教师依然淡定地进入下一题的讲解。这种情况时常发生，让远端学生感到很挫败。”（DT6）

“学生容易成为‘看客’，有些就是他们自己可能临时性的，比如说我有那种灵光一闪，针对前端教师讲的某个点产生的某一个问题，压根就不能马上问，就解决不了，不利于学生发散性思维的发展。”（DT2）

在实际观察中我们发现，高一和高二的学生普遍在直播课中会跟随前端教师的思路，回答前端教师提出的问题，跟前端教师实时互动，但是也不乏不张嘴的学生。在高三理科班的集体访谈中，学生反映：“互动是一种双向的活动，直播课上的老师并不能看到我们的反应，也没有跟我们互动，那么我们回答前端老师的行为就不能称之为互动，所以我们班基本不张嘴回答前端老师的问题，大家都默默地想就行了。”这种现象也是直播课堂互动性差的主要原因之一，由于直播教学的单向性，远端学生在经历了最初对于直播课的新鲜感，熟悉直播课堂之后发现前端的教师并不关注远端的学生的情况就会产生失落感，久而久之失去互动的兴趣。

（二）原因分析

在学生观上，前端教师没有树立“以人为本”的教学思想，没有从学生的课堂需要出发，特别是没能照顾到远端学生的听课需求。在教学理念上，大部分教师表现得较为保守，在双师课堂教学的课堂上依旧从自身主体性出发采用讲授和灌输的教学方式方法。此外，前端教师很容易忽视远端学生，这既有客观原因也有主观原因。客观上，这种前端师生同步的课堂教学模式使得教师极易只专注自己的课堂，很大程度上忽视了远端课堂的学生。主观上，由于大部分前端教师只对自己的学生负责，因此在远端学生的身上投入很少，几乎不了解远端学生的学习情况；甚至有的前端教师认为远端教师应该对自己的学生全部负责。

四、前端学生与远端学生互动

在双师课堂教学模式下，远端学生几乎很难与前端学生进行大规模的学习交流。通过调研分析可知，D中学的所有双师课堂班的学生都希望能够与前端学生进行交流互动，目前每一个双师课堂班的一位同学有机会去成都七中的课堂学习，所以学校一般会选送成绩优异的同学，绝大部分同学很难有与前端的学生直接沟通的机会。据部分同学反映，他们也会想办法添加前端学生的微信或QQ交友，但是这种交流毕竟不多见，这也对学习的影响作用不大。这主要是由于在该双师课堂教学模式下，几乎所有的远端学生都没有跟前端学生直接交流的机会和途径。此外，学生平时课业等学习压力巨大，很难抽出时间来进行交互。

第二节　双师课堂互动的特点及发展策略

一、D中学双师课堂互动的特点

基于前面的调查数据分析，迪庆D中学在应用双师课堂模式的过程中取得了一定的成效，但在教学结构性的设计上存在一定问题，集中体现在各教学要素之间的互动关联上。具体而言，体现在三方面。首先，在教学者层面，“双师”的交流配合缺少标准化规范，即前端教师与远端教师的课堂责权界限不明，尤其是远端教师的个体作用，作为辅助教学者的作用很难发挥，其补充教学的内容与时机难以把控，对双师课堂的教学效果产生的正面效应不显著。其次，在教学媒介层面，利用现有互联网双师课堂形式构建的网络课堂，其信息传递的模式是单向性的，这导致处于顶层位置的前端教师难以得到底层反馈。退一步而言，即使前端教师能够得到远端学生的反馈信息，想要在短时间内加工20班次学生的信息也是天方夜谭，因而在教学质量与教学效率之间存在两难困境。再次，在实体课堂层面，远端师生间的转移交互效率不高，远端教师的课堂主导性受到冲击，但由于学业水平的差异性，大部分学生仍需依赖线下实体课堂，让远端教师“退居二线”未免本末倒置。总而言之，迪庆D中学双师课堂教学效果现状的调研初步表明，在当下媒介的运用和课程设计下，双师课堂的交互效果欠佳，需要改变教学策略、调整课堂结构、改进媒介工具使用，以促进双师课堂体系的不断优化。

二、基于交互影响距离理论的互动发展策略

（一）完善“双师”协作教学机制

如果将双师课堂的运行模式比作人体的中枢神经系统，那么前端教师与远端教师所扮演的角色便是大脑和脊髓神经。由“大脑”发出的指令信息必须与“脊髓神经”协调配合，并且后者应当及时将动作刺激反馈给中枢元，否则整个系统将无法持续运行。因此，完善双线教师协作教学机制的重要性，对于双师课堂的探索实践不言而喻。

1.确立合作形式与明确教学责权

调研发现，迪庆D中学的远端教师与成都七中的前端教师在课前互动方面存在明显缺陷。这归因于“双师”未能及时适应新模式下的角色转变，尤其是远端教师群体，他们往往不清楚自己在双师课堂课前后的具体工作。另外，由于课堂的主导权转移到了前端，部分远端教师在教学中产生了心理上的落差，积极性下降，制约了师生互动的有效开展。面对这一状况，当务之急是要明确双师课堂的合作形式，即前端教师主导课堂教学，但远端各班级的老师依然有权力参与并提出课程建议。在教师团体中，形成以前端教师为中心、远端教师联合作用的“参议制”教学。具体而言，

在课前阶段，远端老师应整合各自班级的学习情况，汇报教学进度以及提出建议，参与双师课堂课教案的前期准备，前端老师应当汇总所有班级的问题建议，以“平均学业水平”为标准红线，调整制定最为普适的课程；在课堂阶段，前端教师依照课前计划，精讲课时内容，并留意师生互动的环节，此时远端老师应扮演辅助角色，尽量避免直接和长时间的发言，遇到必要补充说明的地方，及时记录备案，留在复习课上为学生集中讲解；在课后阶段，远端教师应当扮演教学评估与信息反馈的角色，根据课堂表现、课后测验等总结每节课的问题建议。

2.建立及时有效的反馈机制

根据穆尔理论模型中对于教师间互动的指导原则，建立具有“即时效应”的反馈机制十分关键。在传播研究领域也提供了大量案例证明了“即时性”是影响在线课程教学效果的关键因素。本·阿博（Ben Arbaugh）指出，在线教室中可以使用即时行为来缩小社交和心理距离。前端教师通过开放使用包括学生资料、学习资源等信息的权限，在双师课堂中营造出一种积极向上的社交氛围。同样，远端教师的即时反馈使前端教师能够反思所授知识的范围，通过识别知识水平差距提出新的教学策略。即时的消息传递还可以提高交互质量，使“双师”能够迅速获得反馈并允许学生积极地提出其他问题。对此，类似成都七中与迪庆D中的双师教学合作，可以建立包含以下措施的反馈机制，以保证教师间信息反馈的及时性和有效性：其一，通过在线会议平台，定期开展双师非正式交流讨论会，交流内容包括但不限于制定课时计划、学生成绩与表现反馈汇报、无领导小组讨论等，会议周期的指导建议为每周一次；其二，在课堂环节，为远端教师提供特殊发言权限，如让每个远端教师登录个人账号，必要时通过实时弹幕的形式反馈远端信息，再由前端教师作答；其三，开设课程问题交流管理平台，可在平台上公示疑难内容的解答方案，供远端老师参考，还可将课程讲义与测验资料通过此平台进行分发和收检，减轻“双师”的工作负担。研究表明，通过迅速答复远端教师的询问，努力与所有教师取得联系，以非正式的方式与远端教师打交道，以及能够及时注意到远端教师的身心健康状态等做法，可以更好地实现反馈的及时性与有效性。

3.专注长期协作与地方教师专业化提升

开设双师课堂的初衷是为了解决部分地区教育资源短缺和落后的问题。然而，授人以鱼不如授人以渔，双师协作教学的终极目标应当是有效提升地方教师的教学能力，使之成为具备专业知识素养、掌握充足教学技巧的教学者。在这一核心要旨的指导下，双师课堂的合作模式应当注重长远的发展，定期开展前端与远端的“双师”交流研讨会是一项有针对性的策略。一方面，前端教师应当对自己积累的教学经验、教学技巧倾囊相授，以分享讨论的形式与远端教师沟通；另一方面，远端教师作为学习者，应当定期进行自我检查、自我评估和结果归因，制定、调整因地制宜的教学策略，针对学生在课堂中的反应、课后吸收及完成作业的情况进行评估和归因，问询前端教师的经验方法。双师课堂的长期协作方案还有待研究，但应当注意的是，避免远端教师在高压情况下一味地追求教学成绩上的提高而忽略自身能力的发展。

（二）建立“互动型”师生关系

双师课堂中的师生互动是远端学习者与教师之间的双向交流过程，在这个过程中，教师应当为鼓励和激励学生而进行一系列的努力。由于大多数远端学生承受着很大的压力，因此教师经常强调学生需要与他们及时沟通并寻求与同伴合作的机会①。远端师生之间的交流互动，直接关系到网络双师课堂教学的效果，加强远端师生之间的交流互动，有利于最大限度发挥网络双师课堂教学的效果，促进远端师生的发展。

1.建立同步和异步交付的交流模式

学生与教师之间的互动通常会受到所选择的交流形式的影响。邓斯·贝克（Credence Baker）提出同步课程可以更好地培养教师随机应变的能力②。在马赫纳兹·莫阿勒姆（Mahnaz Moallem）的研究中，由于个人风格和使用各种交流方法的习惯不同，学生更倾向于同步和异步交付模式的组合③。同步模式中，学生跟随双师课堂与前端教师的教学同步进行学习，异步模式则是按照远端课堂的实际教学情况，区别于前端课堂的教学内容，远端教师有针对性地对录播视频进行回放和补充讲解。根据迪庆D中学的教师和学生们的反馈，采用同步和异步交付模式的组合应当更适用于双师课堂。

2.建立奖励机制激励学生参与互动

针对调研过程中出现的学生自主互动性较差的现象，可以建立适用的奖励机制激励，以确保学习者的主动和定向参与。在制定方案时，应当遵循动机设计原则，平特里奇（Pintrich）提供了五种基于实证的动机概括

---

① RAGUSA, A. T.（2017）. Technologically-mediated communication：Student expectations and experiences in a FOMO society.International Journal of Educational Technology in Higher Education, 14, Art. 39.

② BAKER, C.（2010）. The impact of instructor immediacy and presence for online student affective learning, cognition, and motivation. Journal of Educators Online. https：//doi.org/10.9743/jeo.2010.1.2.

③ MOALLEM, M.（2015）. The impact of synchronous and asynchronous communication tools on learner selfregulation, social presence, immediacy, intimacy and satisfaction in collaborative online learning. The Online Journal of Distance Education and e-Learning, 3（3）, 55–77.

和相对应的教学设计原则，包括：（1）利用适应性自我效能和能力信念激发学生；（2）利用适应性归因和控制信念激发学生；（3）利用较高的兴趣水平和内在动机可激发学生；（4）利用较高的价值水平可激发学生；（5）利用可达成的目标激励和引导学生①。

具体来说，鼓励自我效能感和学生能力信念意味着远程和在线课程的结构应当首先提供有关能力和自我效能的清晰准确的反馈，落脚点在于能力、专业知识和技能的发展；其次，提供成功的机会，同时也挑战学生。为了最大限度地提高学生在学习课程内容方面的价值，教师需要布置与学生相关且有用的任务、材料和活动，以便对学校和所要学习的内容有一定的个人认同；另一方面应着重于针对内容和活动进行重要性和实用性的论述。这些动机设计原则适用于学习者执行大型、新颖或困难的任务，这种任务的难度要求学习者必须认真参与学习；经过评估后认为结果很重要或正在对任务进行评估的情况，适用于结果不确定的情况，尤其是当学生认为努力很重要或以前发生过失败的情况时。一种理想的情况是将上述动机设计原则集成到教学中，其中的任务复杂而新颖，当学生不确定自己会做得如何时，他相信自己有能力做到这一点是很重要的，因为个人努力的学习意志将最终导致成功。

（三）鼓励团队合作学习，增强学习者间的互动

维果斯基认为学习的过程必须在个体相互交流和反思思想的社会环境中进行建构。通过互助，学生可以参与协作学习体验和进行对话。在这种以学习者为中心的环境中，学生负责构建新知识。通过对等交互可以在主

---

① PINTRICH, P. R.（2003）. A motivational science perspective on the role of student motivation in learning and teaching contexts. Journal of Educational Psychology, 95（4）, 667–686.

题讨论中激励学生交流和传播他们的想法。

1. 精心设计小组讨论

通过创建更多的小组讨论进行互动可以帮助学生感到更紧密的联系，在小组讨论中，学生可以介绍要解决的问题主题。尤金·博罗霍夫斯基（Eugene Borokhovski）等人的荟萃分析强调了提前设计互动活动的重要性。研究人员比较了两种类型的互动对学习成果的影响，即情境互动（条件不是故意设计来提供合作机会）和设计互动（条件是故意设计来提供合作教学机会）。结果表明，精心设计和精心实施的条件可帮助学生在协作环境中获得更好的认知成果[①]。异步交流论坛中的交互质量不仅取决于教师，还取决于参与者。浸南迪（Dip Nandi）等人分析了论坛活动，以识别学生的参与度。他们的发现表明，在讨论中将以学生为中心和以教师为中心的方法相结合可能是有益的，前提是双方都应承担构建和共享思想的责任。教师必须继续激励学生互相交流和与内容互动，但要避免过多干预同伴互动。

2. 鼓励以学生为中心的团队学习

协作学习是将知识视为一种社会建构途径的教学方法[②]。从理论上讲，协作学习源于建构主义，是一种探究社区和社会文化背景下的学习，它被视为在线学习计划成功的关键因素。教师应鼓励学生使用协作工具交流思想和经验，从而建立强有力的同伴互动。同样，学生可以通过组织讨论主

---

① BOROKHOVSKI, E., TAMIM, R., BERNARD, R. M., ABRAMI, P. C., & SOKOLOVSKAYA, A.（2012）. Are contextual and designed student–student interaction treatments equally effective in distance education? Distance Education, 33（3）, 311–329.

② MAKRI, A., & VLACHOPOULOS, D.（2018C）. Study protocol for a scoping review of collaborative learning in online environments. Paper presented at the 12th annual International Technology, Education and Development Conference（INTED）, held in Valencia 5–7 March 2018.

题，激励其他人集思广益地讨论理想中的情况并反思现实生活中的实际情况来扮演促进者的角色。相反，教师可以扮演学生的角色，发表想法，共享资源，并帮助营造良好的氛围，目的是从以教师为中心的范式转变为以学生为中心的范式。当学生担任协调员时，例如参加面向任务的协作活动，与同伴的互动会特别加强。如上所述，协作是成功学习过程的重要因素，这可以通过同伴交互来实现。贝尔彻（Belcher）等人指出，同伴甚至可以填补教师输入中的空白。为了发展同伴合作，教师可以提出诸如课程介绍等策略，让学生共享信息，以及让学生对彼此的作品提出意见从而相互促进[①]。

---

① BELCHER, A., HALL, B. M., KELLEY, K., & PRESSEY, K. L.（2015）. An analysis of faculty promotion of critical thinking and peer interaction within threaded discussions. Online Learning Journal.

第七章 双师课堂促进民族地区基础教育高质量发展

通过前面从组织结构、实施过程、实施效果等维度对个案学校双师课堂实施状况的全面分析，可以得出以下结论。第一，双师课堂通过借助具有超强教学能力与教学资源的优质师资及团队进行直播教学，可以提高西部民族地区基础教育课堂教学质量，因此，可以用以发展公平而有质量的教育，这是进行教育精准扶贫的一种有效措施。第二，双师课堂模式对于远端教师而言，因其能够提供优质稳定的课程资源、教学相关培训，特别是前端教师长期陪伴等优势，可以有效促进西部民族地区教师专业发展，提升教师专业素质，进而从根源上解决教育质量较低问题。第三，民族地区双师课堂的开展必须适切于远端学校的实际状况，找准合作的"契合点"，对症下药。本研究中双师课堂的两端——成都七中和个案学校之间，在生源质量、选用的教材、文化生态等方面都存在较大的差距，这是其教学效果不尽如人意的主要原因。第四，在民族地区双师课堂的开展过程中，需关注并解决实施过程中存在的一系列问题，如前端与远端的互动、远端学生与教师的适应、前端课程场景单一等，加强双师协作的教学技巧，进而提高双师课堂效应。根据以上研究结论，本章对于如何在民族地区中学有效开展双师课堂，促进民族地区教育高质量发展提出了有效策略。

第一节　民族地区双师课堂发展的总体目标

一、全面提升民族地区课堂教育质量

（一）着力提高民族地区学生学业水平

由于历史、地理、民族等多种因素的影响，民族地区的教育质量问题一直备受关注。近年来，随着国家对民族地区教育的重视和投入不断增加，一些问题得到了缓解，但是仍存在不少挑战，民族地区的教育水平与全国整体水平相比，仍然存在一定的差距。由于教育资源不足，民族地区学生的学习成绩普遍较低。同时，由于教育教学方式和方法的落后，许多学生的思维能力和创新能力也受到一定的限制。尤其是少数民族理科教育质量问题，已经成为影响民族地区整体教育水平和少数民族学生核心认知发展的重要因素，其不仅是制约少数民族地区高层次人才发展、社会经济与科技发展的瓶颈，更是关乎少数民族能否尽快融入现代社会生活的基本条件。在学业表现方面，少数民族学生的理科学业成绩常常在小学高年级就开始低于语言类学科，同时也落后于同年级的汉族学生，到了中学阶

段，文理科的差距逐渐增大[①]。在一项2000份的五年级和八年级数学学业水平抽样测试中，少数民族地区抽样平均分只有40多分[②]。民族地区理科教育问题已经引起中央政府的高度重视，2015年8月，国务院印发《国务院关于加快发展民族教育的决定》(国发〔2015〕46号）指出，要以提高教学质量为重点，实施民族地区中小学理科教学质量提升计划；继续支持民族地区教育基础薄弱县普通高中建设，扩大优质教学资源。2016年6月，国务院办公厅发布的《关于加快中西部教育发展的指导意见》(国办发〔2016〕37号），指出要采取特殊支持措施，加大各项政策对少数民族和民族地区的倾斜力度，快速提升各级各类教育普及水平和办学质量。因此，双师课堂应将提升民族地区学生学业水平，特别是理科学业水平作为一项重要任务。

（二）扩展学生视野，增强学生的综合素质和能力

受地理位置和经济条件等因素影响，民族地区学生的视野相对狭窄。首先，由于缺乏了解外部世界的机会和渠道，这使得他们对外部世界的文化、政治、经济等方面了解不足，很难真正了解全球化和多元文化的现实。其次，由于文化传承和交流的局限性，一些学生可能对自己的文化认同感较弱，缺乏自我意识和自信心，这使得他们在面对外部世界的文化和思想时，很难保持自己的独立性和主体性。最后，由于教育资源和教育方式的限制，民族地区学生在学习过程中往往注重记忆和应试，缺乏创新思

① 郑新蓉，王学男.少数民族理科学习困境的因素分析[J].教育学报，2015，11（01）：63-70.

② 贾旭杰，孙晓天，何伟.关于民族地区数学课程难度问题的研究与思考[J].数学教育学报，2013（4）：33-36.

维和实践能力的培养，这使得他们在面对实际问题时，很难进行独立思考和创新实践，缺乏创新精神和实践能力。

因此，民族地区双师课堂在着力提升学生学业水平的同时，应积极扩展学生的视野，增强学生的综合素质和能力，为实现中华民族的伟大复兴提供坚实的人才和思想基础。第一，应加强多元化的教育活动，开设有关世界文化、外交政策、全球化等方面的课程和讲座，扩展学生的视野，让学生更好地了解外部世界的文化、政治、经济等方面，增强他们的国际视野和文化自信。第二，应加强民族文化和历史的传承与交流。在教学中，应注重对民族文化和历史的介绍和讲解，让学生了解自己的文化传统和历史发展，增强民族自豪感和认同感，同时也要加强与其他民族的文化交流和交融，增进彼此的了解和友谊。第三，不断推进教育教学改革，培养学生创新精神和实践能力。在教育教学中，应注重创新教育教学模式，强调创新思维和实践能力的培养，加强课程设置和实践活动的质量和数量，提高学生综合分析和解决问题的能力，为学生未来的职业和生活打下良好的基础。

二、有效促进民族地区教师专业发展

民族教育作为中国教育事业的短板，在新时代受到极大关注。虽然我国政府对于民族地区的教育事业进行了大力的投入和改革，但师资方面的问题仍然存在。一是师资整体缺乏。由于薪资待遇不高或较为偏远等原因，难以吸引优秀的教师前来任教；另外，在一些民族地区，教师流动性较大，一些教师经过一定的工作经验后，会选择到城市或其他地区去工作，导致当地的师资队伍流失严重。二是师资结构不合理。在一些民族地区，由于历史原因或教育资源分配不均，导致教师队伍年龄结构、学科结构等不合理，教师队伍缺乏新鲜血液和活力，教师会同时教授多个学科课程等问题。三是师资专业素质相对较低，普遍存在教学能力和经验不足、教育理念和教学方法缺乏更新、教育信息化素养较低等问题，一些教师对于授课方法、教学内容、学生管理等方面缺乏经验和技能，且并不能有效应用现代教育教学技术。

教师队伍建设作为民族教育的直接推动者和核心内容，直接制约民族教育振兴目标的整体推进①。虽然民族地区双师课堂在全面提升民族地区课堂教育质量的同时，可以直接解决薄弱学校优质教师资源数量不足的问题。但是，从长远发展的角度，还应通过双师课堂项目进行教师培训，促进民族地区学校教师自身的专业理念、专业知识、专业能力等方面的提升。

双师课堂教师团队培训应从校内校外两个方面进行筹划。校外方面，前端学校和远端学校以及提供技术支持的教育机构应认识到教师培训对于课堂的实施是个以小博大的契机，不断提高对教师培训的重视程度，增加教师学习培训的机会，寻找能够促进教师能力不断精进的内容，提高教师对于双师课堂的知识储备，让教师培训不再“流于形式”或者“只是做广告宣传而没实际作用”。教师培训应针对双师课堂上可能出现的问题、状况以及在课堂中需要注意的内容，包括直播设备常见问题、课堂教学秩序问题、课堂辅导新方式等做好应对措施的传授，让远端教师做好预案。实践出真知，在教师培训中，也要通过邀请资深的双师课堂教师进行相应的经验分享、呈现真实教学案例等形式为远端学校的教师提供相应借鉴。前

---

① 陈婷，谢升梅.我国民族地区教师队伍建设政策演进：回眸与展望[J].民族学刊，2021，12（07）：39-47+106.

端学校教师也要和远端教师做好指导工作，加强沟通，在课堂上打好配合，让远端教师在课堂上对于补充讲解的内容更加清晰透彻，做到在课堂上的流畅衔接，游刃有余。校内方面，要开展校内双师课堂教师自主交流的校本培训。校本培训规模小、重点突出且以实际问题为主，在培训目标、培训需求、培训内容、培训模式和培训评价各环节有着明显优势①。校内教师参与双师课堂学习、总结到的经验会和校内其他课堂具有更高的适配度。每一个课堂都是不同的，会呈现出各式各样不同的效果，将各种效果进行交流探讨，总结共同点再实施于课堂，有利于实现校内课堂共同进步。因此，在校外培训不足以满足需求的情况下，需要以校本培训为主战场，通过前端与远端多种方式，推动校内交流，自主培训，引导教师主动提升应对能力②。

三、切实推进两端学校共同发展

民族地区学校双师课堂教学的顺利开展需要远端学校和前端学校的相互配合，两端学校不应仅仅是帮扶关系，还应该是利益共同体，只有两端学校同时得以受益和发展，双师课堂教学模式才能够持续存在与不断发展。

如前所述，民族地区双师课堂能够弥补远端薄弱学校师资力量不足、教师专业培训不足以及教学资源不足等问题，并能够提升民族地区学生学

① 李华.信息化助力乡村教育发展的现实问题与对策[J].教育科学研究，2022（06）：92-96.

② 李涛，孙艺璇.专业化发展背景下高职院校“双师型”教师队伍建设的困境与出路[J].职业技术教育，2020，41（31）：41-47.

业水平，促进远端教师专业发展，以真正实现优质教育资源的共享，推进教育公平，实现远端学校教育高质量发展。同时，虽然民族地区学校教育质量相对较低，但也存在地域特色鲜明、文化资源丰富多彩等独特的优势，例如民族地区丰富的自然资源、悠久的文化传承、丰富的民俗文化等，若在双师课堂项目中充分发挥这些优势，可以为两端学生提供更多的实践机会和文化体验，帮助他们更好地了解和认识民族地区文化和社会，对于两端学校的发展具有很好的促进作用。在语文教学中，可以补充民族文化传承和发展方面的内容，在历史教学中可以讲解民族地区的历史和文化传统，在艺术教学中可以挖掘民族地区艺术文化等。通过融入这些内容，既可以丰富教育内容，提高学生的文化素养，又可以作为对两端学生开展民族团结教育和铸牢中华民族共同体意识教育的有效途径，增强学生的“四个认同”。除此之外，还可以通过加强两端学生的互动，如安排城市学生到民族地区进行采摘、种植、制作传统手工艺品等活动，让他们感受民族地区的文化传承，民族地区学生也可以去城市的学校参加课程学习、校园活动等，了解城市的学习氛围和课程设置；另外，也可以安排城市学生住在民族地区学生家庭中，了解民族地区生活的方方面面，同时安排民族地区学生住在城市学生家庭中，体验城市的生活方式和文化氛围等，增进他们之间的相互了解，拓宽两端学生的视野和经验，从而促进他们文化素养和综合素养的提升。

第二节　民族地区双师课堂的保障措施

如果将双师课堂的运行比作“建筑”的话，双师课堂运行机制构建、网络平台技术的升级、双师课堂的资金维持就是决定建筑是否稳固的“地基”。双师课堂的运行保障机制是让双师课堂构成要素有效运转的关键点，网络平台的升级提升为双师课堂的深入发展提供了可能，而资金保障则是双师课堂的根基，这不仅是双师课堂运行的基础，也是双师课堂有效开展的外部保障。

一、健全双师课堂运行保障机制

双师课堂是由技术团队、专家团队、前端学校、远端学校等要素构成的系统的整体，每一个要素都可以作为一个子系统存在。双师课堂的流畅运行离不开每一个子系统的协调合作，只有将双师课堂的合作运行机制搭建起来，才能给予双师课堂最根本的保障。

双师课堂的技术保障机制是双师课堂建设的基础之一。一般情况下，技术保障由企业部门直接负责，企业作为利益相关主体之一，是双师课堂协同力量的重要组成部分，在技术研发、平台建设、技术支持方面具有显著优势，应为同步课堂实践提供教学平台和技术保障①。而双师课堂作为

① 郭炯，杨丽勤.协同与交互视角下的同步课堂：本质、困境及破解路径[J].中国电化教育，2020，No.404（09）：89–95.

教育信息化背景下的产物，对技术有着强烈依赖性，因此，企业部门不能将技术保障仅仅局限于设备安装与指导，应将设备的日常维护与检查纳入保障范围内，自己主动寻找问题，防患于未然，而不是等问题出现再进行维护修理，从而导致课堂延误。

专家团队为双师课堂的教育资源输出提供了高质量保障，因此，可称之为质量监测机制。前端学校教育资源的输出需要经过专家团队的审核，教育资源的优质性不容置疑。但直接将前端的优质教育资源输送到远端学校，必定会出现“水土不服”现象，仅仅依靠远端学校教师的薄弱力量将其进行本土化的难度依旧较大，因此教育资源的适切性也是质量检测机制需要考虑到的问题。专家团队应在审核教育资源的同时，充分考虑到远端学校的实际情况，并给出相应的整合改进方向，再要求远端学校教师实施改造，增加远端学校与教育资源的契合性。

两端学校的协同机制是双师课堂的核心之一。两端学校的协同机制包含学校之间的协同以及教师之间的协同。远端学校依赖于前端学校的教学输出，使得远端学校在合作方式上较为被动，因此，要加强两端学校之间的协同，增加交流互动。两端学校要共同建立健全合作互动的途径与方式，为双师课堂的交流研究提供保障。远端学校应运用相应的途径与方式主动与前端学校进行沟通，提前协商课务安排，保证课程进度的统一，并在教育资源引进的同时，以实际需求为导向进行整合、改进①。前端学校要定期走访远端学校，针对教学的开展情况存在的问题以及需要的支持进行多方互动交流。与此同时，前端学校也可对远端学校的教学实施情况进行观摩，在其中寻找经验，做到双方的优势互补，取长补短。

---

① 韩舒阳.基于案例探究双师课堂在小学数学教学中的应用[J].新课程导学，2022，No.542（02）：4–5.

教师之间的协同主要是在课前与课后。课前的协同指两端教师在备课中的协同，然而，课前备课中，前端教师掌握绝对的主动权，加之“一对多”学校合作模式，导致远端学校的困难“有口说不出”。因此，应给予“双师”协同保障机制，增加互动协同途径与方式。双方应共同建立专门的定期通报，每季汇报双师协同制度，及时通报“双师”互动中存在的各种问题，梳理汇报当前互动过程中遇到的困难，并进行线上面对面会议，及时研讨解决，顺利保证“双师”能够平等互助地沟通。

技术保障机制、质量监测机制、学校协同机制以及双师协同机制是双师课堂能否有效顺利展开、学生能否真实受到优质且适宜教学资源的关键所在。只有将四个基础机制运行起来，双师课堂才能高效运转。

二、升级双师课堂网络平台

教育信息化一直是我国教育发展的重点工程。2018年，教育部颁布的《教育信息化2.0行动计划》中指出：“建立健全教育信息化可持续发展机制，建设人人皆学、处处能学、时时可学的学习型社会……走出一条中国特色的教育信息化发展之路[①]。”技术赋能是发展教育信息化的路径之一，能够有效弥合城乡教育发展差异，促进教育的优质均衡发展[②]，双师课堂就是将技术赋能于教育，从而达到缩小教育差异的目的，促进教育均衡发展也是双师课堂的核心立意。技术作为双师课堂不可或缺的一部

① 资料来源：中国政府网http：//www.gov.cn/zhengce/zhengceku/2018-12/31/content_5443362.htm

② 韩小凡.技术赋能乡村教育振兴的内涵、价值意蕴及实践路径[J].现代教育管理，2023（01）：118-128.

分，其重要性不言而喻。双师课堂在实践过程中技术仍不完善，因此，想要运用双师课堂进一步深化民族地区教育改革创新，就必须补齐短板，促进双师课堂网络平台技术的升级。

经过调查，在双师课堂实施过程中，课堂的转播存在卡顿、模糊等问题，导致上课不连贯、不清晰、体验感不佳。课程上的不连贯会导致学生学习状态被打断，造成注意力分散；学生把握不住课程内容的细节处，影响到知识的准确性。以上问题均会影响学生对双师课堂的接受度以及满意度，因此在双师课堂的技术升级中，应专门针对学生上课体验感进行设备的调试与升级，规避学生因听课产生的情绪问题，给予学生良好课程体验。双师课堂技术上的不完善还体现在师生的互动方面。双师课堂虽然在技术上已经实现互动的无延迟传送，但在具体实施过程中仍是前端“单向”的输出，前端掌握着绝对主动权，远端只能“被动地”接受安排。学生无法专门针对前端教师的问题进行相应的互动，也导致学生参与双师课堂失真感的出现①。

鉴于网络课程中出现的体验感不佳问题、师生互动不连通问题，研发一款国家教育系统授权的线上慕课应用程序具有战略意义。参考成都七中与东方闻道科技发展有限公司的合作形式，开发的媒介平台应当具备以下几项核心功能：其一，授课全程系统化管理，为各地远端教师授权个人账号，以方便其在双师课堂课时的发言，让远端教师掌握自身的主动权，充当学生与双师课堂教学者沟通的桥梁；其二，双师课堂技术的升级要尽可能为每位远端学生配备互动功能，让学生在前端教师提出问题时及时给出自身答案，并由计算机后台进行汇总及时呈现到前端教师面前，完成远程

---

① 邵光华，魏侨，冷莹.同步课堂：实践意义、现存问题及解决对策[J].课程.教材.教法，2020，40（10）：70-76.

互动，增加学生课堂参与机会。其三，镜头跟踪技术要及时升级，不能仅将镜头聚焦于教师身上，而要关注师生对话间的非语言交际，如眼神交流、手势动作，做到镜头的放大、缩小衔接自然，增加远端学生的临场体验。在互联网如此发达的今天，娱乐的直播技术发展已经炉火纯青，双师课堂等教育技术上的发展也应跟上互联网、移动互联网技术发展的潮流，及时升级直播技术，这样既可以降低维护成本，又能为直播教学过程中的师生学习与互动提供技术支持和保障。

三、确保双师课堂经费投入

2020年，教育部颁布了《教育部关于加强“三个课堂”应用的指导意见》（以下简称《意见》）指导三个课堂建设，《意见》中专门指出：“中央财政在相关项目中加大对地方教育信息化建设的支持力度，重点支持中西部地区开展“三个课堂”建设与应用，引导地方加强对农村、边远、贫困、民族地区“三个课堂”建设与应用的经费投入[①]。”双师课堂作为“专递课堂”和“名师课堂”在一定发展阶段后呈现出融合发展新趋势的成果[②]，相关的经费保障政策必不可少。双师课堂远端学校大多位于边远、民族贫困地区，在经济发展上本就稍微逊色，这也是民族地区学校长期以来教育水平落后的关键所在。在政策上给予倾斜与支持，加大双师课堂经费投入，完善双师课堂的基础设备，吸引更多优质教师资源参与其中才能

① 资料来源：中国政府网http：//www.gov.cn/zhengce/zhengceku/2020-03/16/content_5491791.htm

② 郑旭东，饶景阳，贾洋洋.“三个课堂”促进义务教育优质均衡发展：演进历史、战略价值、关系解析与概念框架[J].现代教育技术，2021，31（06）：14-22.

让双师课堂获得长远发展[①]。目前，双师课堂的教育经费主要运用于基础设备的购置与维护、远端学校的经费补贴、两端教师的培训、教学应用的更新等项目，这些项目依赖于教育经费的稳定持续保障，因此，教育主管部门应对双师课堂的经费支出做好统筹规划。在专项经费上，教育主管部门应对每一个项目的支出规划出合理比例，优化经费支出结构，提高经费的使用效益。教育经费的支出仅依靠政府的政策补贴也会给当地的经济带来较大压力，因此，双师课堂专项经费的来源不仅要做到自身“节流”，也应寻求其他出路，实现他处“开源”。教育主管部门应发挥政府和市场两方面的作用，鼓励企业等社会力量参与双师课堂的建设，与当地有实力的企业开展产、学、研多层次合作，实现双方合作双赢，促进企业与教育部门的长期合作，为双师课堂提供高质量的运行、维护和支持服务。

第三节　民族地区双师课堂效果的有效提升

一、多渠道促进远端教师专业发展

双师课堂是促进偏远地区与民族地区远端教师专业理念、专业知识以及专业能力等发展的有效途径。在专业理念上，远端教师的学生观、教师观、教学观得以不断优化。在双师课堂中，前端教师一些迥乎不同的教学处理方式折射出了相左的专业理念，远端教师则置于认知冲突之中。认知

① 徐畅.河北省威县双师课堂教学效果实证研究[D].河北大学，2021.

冲突作为反思意识的重要结构之一，有助于教师对自身的教学行为进行批判性反思。而教师只有在反思中不断怀疑、批判已有认知图式，才可能同化新的教学思想，从而获得顺应和平衡，不断更新、修正和完善现存教育观念[①]。已有研究表明，集体备课、听课、评课等教学互动活动，是促进教师认知冲突生成的有效途径[②]。因此，相比于传统课堂，远端教师在双师课堂中能够大大增加互动性备课与听课的机会，更多地将自身暴露于新信息环境中，进而在反思中不断获得成长并优化专业理念，乃至实现专业知识与能力的更新与发展。在专业知识上，远端教师的学科知识与文化知识均得以拓展，对高考的把控精度不断提升。在两端学校“四个同时”的双师协作教学过程中，两端教师由于知识经验的异质性，在一定程度上建立了“以老带新”的“师徒”关系，在同时备课、同时上课、课后交流和资料共享中，远端教师能够充分吸取有价值的知识经验，并对其进行创新与重构，从而完成学科知识的深化拓展和对高考内容的精准把控。前端教师与远端教师逐渐发展成为具有共同目标，不断合作对话、共享经验的“陪伴参与式”教师共同体[③]。教师共同体对教师专业知识发展的积极作用，早已得到了南希·E.佩里、雪莉·M.霍德、郭绍青等国内外众多学

① 经柏龙. 教师专业素质的形成与发展研究[D]. 东北师范大学，2008.

② 吴全华. 教师反思时认知冲突的生成途径[J]. 教师教育研究，2006（04）：35-39.

③ 王天晓，李敏. 教师共同体的特点及意义探析[J]. 教育理论与实践，2014，34（08）：25-27.

者的肯定[①][②][③]。此外，这种知识发展模式也与强调社会性协商活动的知识建构理论相契合[④]，是促进教师专业知识发展的有效途径。在专业能力上，远端教师在日常工作中自然地构筑了一条"间接经验积累 — 内容反思重构 — 课堂实践创新"的专业能力成长路径（如图7-1所示）。三者紧密相连，相互作用，在此过程中，远端教师的教学设计与实施、班级管理与教育活动、教育教学评价、沟通与合作、反思与实践等教师专业能力均能获得发展。该提升路径也与朱旭东、郝林晓、刘学惠等众多学者的研究结论相类似，即三者间任意二者的叠加均是行之有效的教师专业能力发展机制[⑤][⑥][⑦]。

---

① PERRY N E, WALTON C, CALDER K. Teachers Developing Assessments of Early Literacy: A Community of Practice Project[J].Australia: Teacher Education and Special Education, 1999, 22(4): 218.

② HORD S M.Professional Learning communities of continuous inquiry and improvement[J]. Southwest Educational Development Laboratory, 1997: 9.

③ 赵健，郭绍青.网络环境下教师学习共同体运行效果的调查分析[J].中国电化教育，2013,（09）: 78-81.

④ GUNAWARDENA C N, LOWE C A, ANDERSON T. Analysis of A Global Online Debate and The Development of an Interaction Analysis Model for Examining Social Construction of Knowledge in Computer Conferencing[J].Journal of Educational Computing Research.1997.（4）: 397-431.

⑤ 朱旭东.论教师专业发展的理论模型建构[J].教育研究，2014，35（06）：81-90.

⑥ 郝林晓，折延东.教师专业能力结构及其成长模式探析[J].教育理论与实践，2004（14）：30-33.

⑦ 刘学惠.外语教师教育研究综述[J].外语教学与研究，2005（03）：211-217.

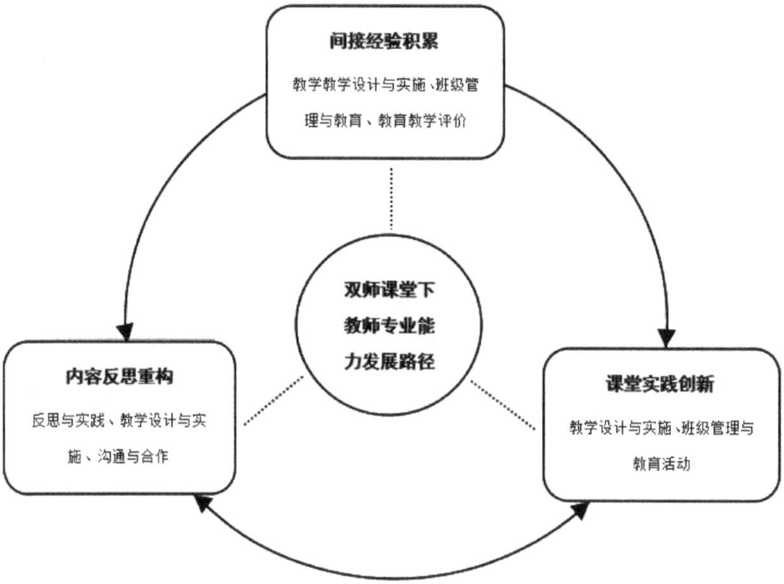

图 7-1 双师课堂下远端教师专业能力发展路径图

然而，根据我们的研究结果，双师课堂对远端教师专业情意的发展存在一定的消极影响。马斯洛需求层次理论指出，人类潜藏着七种不同层次的需要，即生理的需要、安全的需要、归属与爱的需要、尊重的需要、认知的需要、审美的需要和自我实现的需要。当低层次的需要基本得到满足以后，其激励作用降低，高层次的需要则取而代之，成为驱动个体行为的主要动力[①]。而主导权移位、师生关系淡漠、个人成就感低等现状使得远端教师仅能满足生理与安全的需要，这难以支撑远端教师自觉追求并提升其教育教学工作质量。同时，远端教师归属与爱、获得尊重及自我实现的需要均不能得到满足，高层次需要的激励作用消失，更无法获得满足自我

① MASLOW A H.A theory of human motivation[J].Psychological Review.1943（4）

实现需要中所产生的“高峰体验”情感，这不利于教师自信感、成就感与使命感的建立，教师专业情意难以得到持续且健康的发展。

（一）培训新手教师，组建民族地区专业教师队伍

新手教师处于教师发展的奠基阶段，此时教师面临着教学内容理解不深入、教学经验欠缺、教学能力薄弱等问题，具有专业发展的迫切需要。因此，新老教师通常结为教师共同体，新教师在对老教师的观察、模仿、交流中不断积累经验，以尽快适应自身角色。然而，对于民族地区薄弱学校而言，这样“传、帮、带”的培训方式弊端凸显。在培训内容上，部分老教师的教学理念、方式较为陈旧，有碍于新手教师的专业提升；在师资利用方面，新手教师大都需要在一段时间内帮助老教师“干杂活儿”，并不能直接带班授课，对于部分师资短缺的民族学校而言，这在一定程度上造成了教师资源的闲置与浪费。

而双师课堂则能够最大化地克服上述问题，是新教师培训的有效途径。在前端教师的长期陪伴下，两端教师自然地构成了“陪伴参与式”教师共同体，新手教师不仅能够以前端优秀的“老教师”为观摩对象，获取大量的替代性教学经验，还能在同时备课、同时作业和同时考试三个环节中，厘清教材内容，准确把握教学重难点，高效地完成“师徒”学习内容，并获得快速成长。双师课堂的引入有效拓宽了民族地区新手教师的专业发展渠道，同时，普通教师也能在参与中不断提升专业素质，从而组建起民族地区专业教师队伍，从根源上解决民族地区师资薄弱的问题。

（二）两端学校构建双师学习共同体

以双师课堂为例的“名校网络课堂”兼具“名师课堂”效应，成都七

中作为一所国内著名、国际知名的百年名校，其教师专业素质也都比较高，成都七中东方闻道网校应尝试构建“双师”学习共同体（以下简称共同体），即组建远端教师和前端教师的网络研修共同体，共同体“以先进理念为引领，以学科教学为核心，以实际问题为导向，以新兴技术为支撑”，以此来发挥名师名课示范效应，以前端优秀教师带动远端普通教师水平提升，使双师课堂的资源得到更大范围共享，促进教师专业发展。

1.双师学习共同体应当具有共同愿景

共同愿景是双师学习共同体产生的源头，也是其发展的主要推动力量，共同体中的团队成员应当具有共同的、发自内心的意愿，以此激发他们积极参与到共同体内容的建设中，为达到共同目标贡献自己的力量。两端学校构建“双师”学习共同体时，其共同的愿景就是针对当前双师课堂过程中存在的问题，寻找合适的解决办法，在提高双师课堂教学质量的同时，促进共同体成员专业素质提升。为此，两端教师需要在课前、课中或课后进行一系列讨论，不断寻找促进两端协同发展的有效方法。在这一共同目标推动下逐渐形成的学习共同体可以改变传统教师学习、教学、教研过程中的孤独处境，促进教师之间开展跨校的合作交流与相互学习，实现两端教师在问题解决中的资源共享与知识创新，最终促进他们的共同发展。

2.双师学习共同体立足问题解决

双师学习共同体不是某一个个体单独地去解决某一个问题，而是所有的成员围绕一个主题展开。随着共同体内部活动的不断展开，问题得以慢慢解决，共同体成员也是在实际活动中去发现问题和解决问题的。共同体共同探究的问题成为维系成员关系的纽带，推动着团体成员之间的交互和实践。两端学校构建的双师学习共同体，其共同的探究性问题就是双师课堂过程中遇到的问题，包括前端学校在开展双师课堂过程中出现的问题，也包括远端学校学生和教师参与过程中出现的问题或者存在的困难。两端教师可以围绕当前双师课堂教学过程中面临的突出问题展开讨论，比如播放声音延迟导致前端教师无法安排远端学生与本校学生同步开展学习活动，异地同堂的授课方式导致前端教师无法对远端学生进行及时指导与帮助等。共同体成员可以在解决这些问题中不断促进自身解决问题的能力提升，促进自身专业素质提升。

3.双师学习共同体以双师课堂为平台

以双师课堂为平台的双师学习共同体强调，在双师课堂中远端教师将自己作为学习者，跟随前端教师共同学习，学习前端教师的教育教学实践知识，课下利用QQ、微信、微博等社交媒体随时随地进行线上交流，将两端拥有不同经历和不同水平的教师联系在一起，跨越时空限制对某一主题展开讨论。信息技术不仅改变了传统的教与学方式，也为教师专业发展提供了新思路，除了传统的教师集体培训，有条件引进双师课堂的远端学校应利用起双师课堂的资源开展前端教师带远端教师的网络培训和网络研修，为教师提供录播课堂、直播课堂等各种形式的优质教育资源，为远端教师专业发展创建多个研修空间，促进双师学习共同体建设和发展。

（三）远端教师应调整心态，适应角色变化

双师课堂的引入使得远端教师由传统的“教学主体”变成“导学主体”，教师主导地位的消融容易导致远端教师难以适应，出现失衡心理。对此，远端教师要调整自己的心态，重塑自身教学角色，形成整体角色概念，在不同教学阶段找准自身角色定位，以明确自身任务，摆脱角色惯性，缓解因主导权移位而产生的落差感。在课前，远端教师应是监督者和

检查者，督促好学生完成作业及预习任务，跟进并及时检查学生的完成情况。在课中，远端教师应是管理者、提点者、引导者，需在管理课堂纪律、维持教学活动秩序的同时，引导学生回答问题、做好勾画圈点等，并时刻观察学生的学习状态、行为和面部表情，适时补充讲解或进行板书梳理。在课后，教师应是辅导者，教师既可以针对学生共同存在的学习问题进行集体授课辅导，也可以针对小组、个人展开小范围答疑辅导，同时还需关注学生的心理问题，适时进行疏导。远端教师要明确自身与前端教师以及技术教师等角色间的分工，形成准确的角色定位。另一方面要重视对自身角色的学习，不断在双师课堂教学中实践，加深对这一角色的理解，不断提高角色践行能力，尤其是应对突发状况的能力，以便做好课前、课中、课后的辅助工作的同时，能够实现自身的专业发展。

1.成为双师课堂的学习者

在双师课堂背景下，远端教师要转变传统的“一位教师”的观念，明白自己在双师课堂的重要性。远端教师可以将前端教师看成自己的学习同伴，而非教育主导权的掠夺者，主动加强与前端教师的交流沟通，在与前端教师沟通交流中学习前端教师的教育经验和方法，提高优质资源整合能力，同时在与其他教师的共同备课中积极参与讨论，将自己的观点充分融入到合作教学模式中，让自己成为教学的设计者与开发者，在提高教学能力的同时获得参与感与成就感。

2.成为学生学习过程的导学者

远端教师需要明白自己在远程双师课堂不是一个可有可无的听众、观影者，而是学生学习的导学者，引领学生进行高效学习。远端教师应该全心全意为学生的学习提供更好的服务，营造一个良好的学习环境，让学生们能够拥有宽松和谐的心理，全心投入学习。前端教师所在班的学情与本班的学情不相符时，前端教师的教学思路与自己课前所做的教学准备不一致时，需要远端教师发挥自身智慧，找准时机进行知识补充或解答，不能将自己作为“看客”，而是和学生一起学习，促进学生学习的同时提升自己解决实际问题的能力。

3.成为“双师”课堂的管理者

课堂管理是教学过程中一个相当重要的环节。在空间上，前端教师不能直接掌握远端学生的学习动态，因此，远端教师需要肩负起“双师”课堂的管理工作。学生在双师课堂学习过程中，面对一个固定的屏幕，容易疲倦，难以集中精力听完一节课，这就要求远端教师在课堂上关注每个学生的学习状态，及时提醒那些容易走神、打瞌睡的学生，保证课堂教学顺利有效地进行。此外，远端教师还要做好学生课业的检查并及时对学生的作业情况进行评估与反馈。

4.成为学生生活中的知心朋友

前端教师与远端教师的联系维持在课堂中，而学生在生活中接触的还是远端教师。双师课堂中，由于传统的师生情感联结方式被破坏，远端教师需与学生加强互动，打破学生与本校教师的情感桎梏，消除师生关系间的割裂感。同时，双师课堂给学生也造成了心理压力，这就要求远端教师适时了解本班学生的心理发展变化，及时做出疏导。正如著名社会学家兰德尔·柯林斯（Randall Collins）的互动仪式链理论强调，情感能量是人际互动的结果，积极的情感能量能够强化群体认同感和身份感[①]。因此，远端教师应加强师生交流互动，构建深度情感联结，主动把握与学生互动的机会，通过答疑指导、生活关怀等更加平等、亲近的互动方式重塑师生

---

① RANDALL COLLINS. Interaction Ritual Chains[M].Princeton University Press：2014：01-01.

情感联结。远端教师要在生活中关心照顾好远端学生，在与学生接触中了解学生的思想生活，当他们在生活中遇到困难时及时给予帮助，在学习中遇到困惑时悉心给予指导，面临生活中的挑战时给予真诚的鼓励，尽自己所能帮助学生成长，这样会让学生感到自己与本校教师的师生关系不是分裂的。

双师课堂是教学中的一种尝试，还处于未成熟阶段，对远端教师的角色要求也会不断变化，面对这样的角色问题，远端教师需摆正自身心态，重新定位自己的角色，主动学习吸收前端教师的优点与长处，研究其背后的理论依据与科学规律，总结提炼可供自己借鉴的优秀做法，最后在实践中提升教学水平，形成自己独特的风格。

二、优化双师课堂课程设计

（一）调整课程结构

如果把双师间的协调工作类比为人体的神经中枢系统，那么催化这个系统运行的基因代码便是教学方案的设计，设计好整个课程的实施蓝图，是改变双师课堂教学效果现状的根本之道。

作为一种新型的课堂教学模式，双师课堂能否完全取代传统的线下面授课程，经过调研，这个问题的答案明显是否定的。但即便如此，双师课堂对迪庆D中这样教学资源缺乏的学校仍是必要且便捷的，因而为双师课堂与传统课堂设计一个合理的比例且二者穿插进行的节奏，成为我们优化课程设计该项策略的出发点。以迪庆D中2018 — 2019年度上学年高一级某班级的课表为案例，该班级周一至周五正课为每天9节，其中双师课堂课为7节，正课外另有早晚自习各一节。周六正课4节，自习1节。按时间为衡量标准，双师课堂课程占比总学习时间58%，远端教师授课占比24%，线下自习占比18%。过多的双师课堂课程不仅显得臃肿和形式化，而且弱化了远端教师的教学作用。另一项需要关注的数据是，双师课堂课程安排的节次几乎是所谓“黄金档”，而远端教师的日常教学被挤至学生学习倦怠的疲倦期。

针对以上现状，我们认为，双师课堂课、线下课、自习课的合理比例应当控制在40%、40%、20%左右，适当缩减双师课堂课的占比，提高远端教师的日常课程。线下课的安排也不能脱离“黄金档”，其教学目标是教授该阶段课程的基础性知识，而双师课堂课时的缩减并不意味着失去主导性，相反，应当将双师课堂课变为该阶段学习内容的进阶课程。这样做的益处主要有三：其一，充分发挥远端教师的能动性，使之更加了解班级学生的学习情况。其二，让学生先行掌握基础性知识，缩小不同班级学生学业水平的阈值，由此提高“平均学业水平”红线。其三，将双师课堂课变为进阶课程，提高了其教学效率，远端教师也能够从课堂上更多反思教学技巧，而不必为解释基础知识浪费时间。

另外，优化课程设计还应当从课前备课、教学评估等方面下手，将整个双师教学的课程模块化。首先，远端教师的授课需注重衔接性，这是指当日的线下课，既要做好总结复习先前的教学内容，又要为往后的双师课堂课预习基础性知识；其次，配合课堂测验、模拟实验等方式进行及时的教学评估，以此反馈给前端教师；最后，利用多媒体设备回放双师课堂课内容，配合远端教师的再讲解，解答疑难问题。

（二）重塑“双师”效应

两端教师，特别是前端教师应加强协作，强化双师课堂教学的“双师”效应。首先，贯彻“双师”教学理念。从目前来看，前端教师严重缺乏双师和双课堂意识，在备课和授课中完全针对前端学生，在教学过程中没有给予远端师生适当的时间，甚至对远端师生没有做出应有的反馈。而远端教师对自己的教师角色亦没有清楚的认识，使得远端学生沦为直播课堂的“看客”，甚至远端教师本身都成为直播课堂中的局外人。因此，首先，要大力贯彻“双师”教学理念，在教学的各个环节给予远端学生和前端学生同样的关注。其次，要加强“双师”协作教学的培训，应定期和不定期地组织培训，通过“双师”理论讲解和“双师”模拟教学等培训，指导、示范、加强两端教师“双师”协作教学能力。最后，要建立“双师”教学监管机制，实时实地深入远端课堂，查看“双师”协作教学过程，及时反馈、纠正、指导双师协作教学过程中出现的问题。

三、打造多层次的双师课堂形式

（一）构建不同层级的双师课堂

双师课堂通过通信技术将优质课堂实时传播到民族地区，让薄弱学校的学生体验截然不同的课堂，接触到经验丰富、能力出众的教师，也为薄弱学校的教师创造出独一无二的专业成长环境，为师资质量的提升开辟了新路径，它对于提高少数民族地区的教育水平，解决民族地区基础教育师资质量不高、数量不足与优质教学资源匮乏等问题具有现实意义。然而，由于民族地区与教育发达地区在语言、文化、经济发展等方面存在较大差异，在某种程度上存在前端学校的教学和远端学生的学情不相匹配的情况，这就导致了双师课堂的实施存在较大的困难，而且学生的学习兴趣和效果不佳。

因此，我们需要探索双师课堂的各种可实现模式，开展跨区域合作。双师课堂不应仅仅局限于发达地区学校与西部偏远民族地区薄弱学校之间的对接，还应开展同一省份各地区学校之间、同一地区不同教育水平学校之间，以及同一学校内部各班级之间等不同层级的合作与帮扶。既要保证前端学校对于远端学校具有帮扶的实力，还要确保远端学校学生经过努力能够适应、跟得上前端学校的教学，远端学校与前端学校之间的阈值应控制在“最近发展区”内。这种阈值不仅表现在知识难易上，还表现在文化生态、教育制度等方方面面。只有这样，才能真正实现全社会共享优质教育资源，共上同一堂课，营造一种全社会共同办教育、办共同教育的氛围。

（二）灵活采用直播、录播等多种形式

当前，民族地区双师课堂普遍采用直播教学形式，即远端学校依据前端学校的教学安排，在指定时间与远端学校同步进行教学。这种直播教学形式具有实时性强、互动性强等明显的优势，前端教师可以与学生在同一时刻进行互动交流，根据学生的反应及时调整教学策略；学生也可以在直播课堂中随时提问、互动，提高学习效果。但是直播教学也存在时效性限制，需要前端学校与远端学校师生在同一时间进行互动，导致远端学校处于被动局面；同时，直播教学对信息技术要求更高，需要具备较好的计算机技能和网络环境，否则可能会影响教学效果，这在偏远民族地区相对较难满足；而且，采用直播教学，需要双师课前进行充足的准备，课前进行

充分沟通，事先安排好每一个互动环节，确保双师协作教学顺畅进行，而这一点在现实中很难确保。

因此，民族地区双师课堂在直播教学的同时，可以适当结合录播教学形式。当远端学校与前端学校具有较大差异时，甚至应该以录播教学为主。第一，录播教学具有时间灵活的优势，远端学校师生可以根据自己的时间安排随时观看课程，方便自主学习；第二，录播教学可重复观看，帮助学生更好地理解和消化知识；第三，录播教学更加有利于发挥远端教师在教学过程中的主导性，增强远端师生之间的即时互动，远端教师可根据学生学习过程中的及时反馈随时插入讲解与答疑，更好地帮助学生学习。

此外，建议扩大直播和录播教学的范围。应在调研分析远端教师和学生需求的基础上，动态地调整直播教学范围。一方面针对远端学生薄弱的科目，将直播和录播延伸到课后辅导，例如，D中学高一文科班的数学基础差，要给他们增加课后辅导课；另一方面增加特色直播课，特色直播课主题不限，既可以是班级的各种学生比赛活动，也可以是前端与远端学生的学习问题讨论。

（三）开发利用多元化的教学资源

随着互联网技术的不断发展，中小学教学资源也越来越多元化。远端学校应在前端学校的帮扶与助力下，充分利用各种可供使用的教学资源来帮助学生学习和成长。教师应该根据实际情况，灵活运用这些教学资源，以提高教学效果和教学质量。比如，可以利用多媒体技术、互联网技术等现代技术手段打造智慧教室，为学生提供电子教材、视频、互动课件等丰富的教学资源，以提高教学效果。另外，可以借助前端学校力量开发录制各种教学视频，帮助学生更加直观地了解各种知识点。同时，可以采用翻转课堂等教学形式，让学生提前预习课程内容；而在课堂上，由教师引导学生进行讨论、解答疑惑、合作学习等活动，以此进一步巩固知识点、解答疑惑和提高思维能力，使远端学生能够更加高效、自主地进行学习，提高他们的学习效果、学习动机和综合能力。

第四节　民族地区双师课堂评价体系的建构

评价既是重点，也是关键。建构民族地区双师课堂评价体系事关民族地区双师课堂发展的质量和成效，是促进民族地区基础教育高质量发展的有效途径。

一、健全民族地区双师课堂教学质量监测机制

双师课堂教学质量监测对于提高民族地区双师课堂教育教学质量和促进学生学习效果的提高具有重要的意义。第一，通过对教学过程和结果进行评估，可以检测双师课堂教学质量，发现教学中存在的问题和不足，及时加以改进和完善，提高教学效果。第二，可以评价教师的教学水平和教育教学能力，发现教师的不足之处，提供针对性的培训和支持，帮助教师提高教学质量，更好地发挥教育教学作用。第三，可以及时发现学生的学习问题和困难，提供个性化的教学支持和帮助，促进学生学习效果的提高，提高学生的学业成绩和学习动力。第四，可以为学校提供科学的数据支持，帮助学校进行教学管理和决策，推动教学工作的规范化和科学化，

提高教育教学管理水平。根据双师课堂教学特点，建构民族地区双师课堂教学质量监测机制需明确以下内容。

（一）确定监测目标和指标

构建双师课堂教学质量监测机制需要明确监测的目标和指标。监测目标主要是提高双师课堂的教学效果、提高学生对双师课堂的满意度、提高双师课堂前端教师和远端教师教学水平等。监测指标包括学生出勤率、学生参与度、课程质量、教师表现等。监测的具体指标应该根据双师课堂项目的具体情况进行适当调整。

（二）采用多种监测方法

民族地区双师课堂教学质量监测可采用多种方法进行。其中最主要的方式就是通过学生成绩帮助评估学生的学习成果和课程的质量。另外，学生反馈、教师自评、同行评议、课堂观察等亦是监测的主要方法。如，通过问卷调查、小组讨论、在线评估等形式进行学生反馈可以帮助评估教学方法的有效性，提供学生满意度的反馈，以及了解课程设计和教师表现等方面的问题。通过前端教师和远端教师自评，可以帮助教师了解自己的教学方法和效果，并帮助他们认识需要改进的方面。通过观察、记录、反馈等形式进行同行评议，可以帮助教师和评估者更好地理解课程内容和教学方法，并为改进提供有用的反馈。通过对教学现场进行实地观察，可以了解学生的学习情况、教学方法的有效性等方面的问题。

民族地区双师课堂教学质量监测是一项非常复杂的工作，需要各方面技术的支持，包括监测工具的开发和维护、数据的收集和分析以及数据安全和保护等方面，这需要专业的技术团队和专业的安全保障措施来支持。但目前在这一方面的专家较少，为确保监测工作的科学性和准确性，应统筹高等院校、教育研究机构、一线教师等多方面专业力量，组建一个能够有效指导民族教育质量监测的专家资源库，充分发挥专家的智力支持和人才保障作用。

二、健全民族地区双师教师的考核与激励机制

促进双师课堂共同体发展，就必须激发教师发展内驱动力。从个人激励的角度出发，建立教师奖励制度。当前对双师的激励更多是在工作量的考核上，但是没有完全考虑到远端和前端教师的真正需求。例如，多数年轻教师关注激励措施，如岗位晋升、评奖评优还未得到重视，因此，建议学校除工作量补贴之外可在评奖评优上多下点功夫，按教师工作表现考评结果发放适当额度的奖金、礼品奖励或者颁发荣誉证书；除工作量激励之外，还可以增设教学成果的奖励与表彰，让双师协作的成果看得见、摸得着，调动教师的积极性。对于前端教师工作量增加及共享优质资源却难以获得相等的回报导致积极性不高的问题应予以解决，双师课堂组织方应对前端教师的投入进行相应的补偿。同理，远端教师的辛勤劳动也应收到相应回馈。远端教师课前需要针对学生特点对学习内容进行调整备课；课中需要紧跟前端教师教学思路，为学生作出适当补充，并随时关注学生状态；课后需要对足额生学习进行复盘，辅导学生学习在课上未掌握的内容。此外，与前端教师单方面输出不同，远端教师是个既输出又输入的角色，远端教师在课堂上也需要学习前端教师的长处，调整自己原有的教学方式，为远端学生带来更优质的内容。“额外”的工作量加重远端教师的压力与负担，再无相应的激励，教师的教学热情很快会消磨殆尽。针对远端教师的付出，远端学校应作为牵头人，为远端教师多谋福利，在增加远

端教师物质奖励的同时，也需要在教师评奖评优等方面设立相应政策保障远端教师利益，同时，相关激励政策的实施应真正落到实处，而不是简单地走个“过场”，以此来调动教师参与的积极性，让教师以更饱满的热情参与双师课堂。总而言之，想要促进民族地区双师课堂高质量向好发展，必须进一步确立民族地区双师教师的考核与激励机制。考核机制的完善能够激发教师的工作积极性并提升自身素质，远端学校应将远端教师在双师课堂中承担的教学和教研任务纳入工作量计算，并在绩效考核、评先评优、职称晋升等方面给予适当倾斜，优化远端教师的工资待遇，切合远端教师的需要。另外，职责不清、权责交叉以及成就归属模糊等问题将直接影响教师的教育教学态度和质量。目前，个案学校在教师考核机制方面，双师课堂班教师和非双师课堂班教师实行统一的标准考核，并没有给予适当的考核倾斜。而在双师课堂中，远端教师承担的工作量远超普通班，但由于上述问题凸显，远端教师的付出难以得到家长和学生的直接认可，且学校缺乏合理的双师课堂教师评价考核机制，远端教师的成绩甚至无法得到校方肯定。正如受访教师期望得到学校认可一样，情感体验是影响教师教学态度与行为的重要因素，而期望的满足能够使个体产生正向情感[①]。完善的考核机制能够对教师提出明确的期望与要求，唤醒教师的积极情感。因此，学校应为教师，特别是远端教师在直播教学中的各项工作任务建立起科学全面的考核指标，并将其纳入工作量计算标准，在绩效考核、评先评优、职称晋升等方面给予适当倾斜，切实提升教师的认同感与获得感，推动教师追求自我价值的实现，促进其专业情意的正向发展。

① 乔纳森·特纳.人类情感——社会学的理论[M].孙俊才，译.北京：东方出版社，2009：73–75.

三、健全民族地区双师课堂教育成效评估机制

民族地区双师课堂教育成效评估是双师课堂项目管理中不可或缺的一环，也是提升双师课堂教育质量和推动民族地区基础教育高质量发展的重要手段。评估的结果既可为教育管理者提供科学依据和指导，帮助他们制定更有效的课程改革方案，又可以为双师课堂相关教育工作者提供反思和改进的机会，帮助他们提高教育质量和教学效果。

健全民族地区双师课堂教育成效评估机制应从评估主体、评估方式以及评估指标和成效反馈等方面出发。首先，民族地区双师课堂教育成效评估主体应包括相关部门机构的政策实施、学校师生以及组织人员、参与的专业第三方评价者等。而评价方式应包含定量评价与定性评价两个层面，应以定量评价为主，通过数据真实地反映民族地区双师课堂教育成效的实际情况；以定性评价为辅，对无法通过数据反映出的问题起到辅助补充作用。其中，最为重要的是要制定科学合理的成效评估指标体系，建立相应的数据收集和分析机制。评估指标体系应该充分考虑当地学生的实际情况和需求，包括学生学习成效、教学效果、学生和家长满意度、对远端学校教师专业发展的促进程度、双师课堂项目的整体效率等方面。学生学习成效是双师课堂教育的核心目标，需要评估学生在知识和能力方面的提升情况。具体可以从学科知识、学科能力、学科兴趣、综合素质等方面考虑，比如学科成绩、课堂表现、综合素质评价等指标。教学效果是评估双师课堂教育模式的关键指标之一，需要评估教学模式对教师教学水平和教学效果的影响。具体可以从教学质量、教学方法、教学效果、教师专业水平等方面考虑，如教学效果评价、教师评价等指标。学生和家长满意度是评估双师课堂实施情况的重要指标之一，需要考虑学生和家长对双师课堂教学

模式的认可程度、满意度和参与度等因素。远端教师专业发展是双师课堂项目的主要目标，因此也是成效评估指标体系的重要组成部分，需要考虑从专业知识、专业能力、专业情意等多个维度进行评价。

参考文献

一、中文著作类

[1]杨东平.中国教育公平的理想与现实[M].北京：北京大学出版社，2006.

[2]周洪宇.教育公平论[M].北京：人民教育出版社，2010.

[3]张杰夫.全日制远程教学研究[M].北京：北京师范大学出版社，2018.

[4]乔纳森.学习环境的理论基础[M].郑太年，任友群，译.上海：华东师范大学出版社，2002.

[5]乔纳森·特纳.人类情感——社会学的理论[M].孙俊才，译.北京：东方出版社，2009.

二、期刊类

[1]唐永富，舒玉兰.新时代基础教育高质量发展的内涵[J].教育科学论坛，2022，No.566（08）.

[2]师欢欢，后慧宏.义务教育高质量发展的学校内涵建设向度[J].当代教育论坛，2022，No.310（04）.

[3]丁亚东，孟敬尧.我国教育高质量发展的内涵演变、特征与展望[J].宁波大学学报（教育科学版），2022，44（05）.

[4]吴晓蓉，胡甜.教育高质量发展：内涵、标准及实践[J].教育与经济，2022，38（02）.

[5]石中英.教育高质量发展的政策内涵和实践路径[J].人民教育，2022，No.882（23）.

[6]高书国.高质量教育体系的时代内涵与实践策略——基于系统理论的战略分析[J].中国教育学刊，2022（01）.

[7]钱志亮.社会转型时期的教育公平问题——中国教育学会中青年教育理论工作者专业委员会第十次年会综述[J].教育理论与实践，2001（02）.

[8]郅庭瑾.基础教育高质量发展关键在于治理秩序与活力[J].上海教育科研，2022（08）.

[9]柳海民，邹红军.高质量：中国基础教育发展路向的时代转换[J].教育研究，2021，42（04）.

[10]柳海民，林丹.优质均衡：加快义务教育高质量发展[J].人民教育，2022（21）.

[11]倪娟.基础教育高质量发展战略研究[J].上海教育科研，2022，No.422（07）.

[12]管培俊.建设高质量教育体系是教育强国的奠基工程[J].教育研究，2021，42（03）.

[13]朱德全，石献记.新时代农村教育高质量发展的价值理性[J].民族

教育研究，2022，33（02）.

[14]王澍.抓两头带中间：中国教育高质量发展的动力机制[J].东北师大学报（哲学社会科学版），2020（06）.

[15]谭天美.生态学视角下民族地区基础教育发展的问题与对策研究——以广西12个民族自治县为例[J].民族教育研究，2021，32（03）.

[16]陈婷，甘梦蝶.教育信息化促进基础教育高质量发展：逻辑、困境与路径[J].教育与教学研究，2022，36（09）：120–128.

[17]王烽.高质量发展：基础教育的挑战与应对[J].人民教育，2021（01）.

[18]余雅风.以制度为关键和重点，让教育治理更有水平——推进教育治理体系和治理能力现代化[J].中国电化教育，2020（01）.

[19]朱秀红，刘善槐，王爽.乡村振兴背景下农村教师队伍建设的政策理路、执行陷阱与改革逻辑[J].华东师范大学学报（教育科学版），2022，40（06）.

[20]王正勇.民族地区农村教师队伍建设的困境与对策[J].民族高等教育研究，2019，7（06）.

[21]陈晓琳.教育获得感的时代内涵、价值及实现路径[J].教育评论，2021（10）.

[22]苏锦瑜，李爱民.福建省云霄县农村小学科学教师专业发展现状调查[J].基础教育研究，2022（4）.

[23]任友群，杨晓哲.新时代乡村教育的强师之路[J].中国电化教育，2022（07）.

[24]李艳红，杨燕飞.优质均衡视域下城乡教师基本结构的供给侧改革研究[J].甘肃高师学报，2022，27（03）.

[25]张文斌.农村教师队伍建设存在的问题与对策研究[J].吕梁教育学院学报，2020，37（02）.

[26]朱秀红，刘善槐.我国乡村教师工作负担的问题表征、不利影响与调适策略——基于全国18省35县的调查研究[J].中国教育学刊，2020（01）.

[27]李军.制约农村教师自主专业发展的因素与对策[J].教育探索，2010（11）.

[28]黄凤珍，钟荣桃，杨荣翰.影响广西桂东农村少数民族教师专业发展的因素分析——以广西富川瑶族自治县为例[J].经济与社会发展，2010，8（07）.

[29]田振清，陈梅.基础教育信息化系统的构成及要素探析[J].教育信息化，2002（08）.

[30]杨晓宏，梁丽.全面解读教育信息化[J].电化教育研究，2005(01).

[31]刘敏娜.试论教育信息化对教育公平产生的双重影响[J].陕西教育（高教版），2011（04）.

[32]魏黎，沈红.教育信息化的弊端及其制约[J].高等工程教育研究，2006（02）.

[33]陈联，芦丽君.论教育信息化下的教育公平[J].经济师，2006(02).

[34]董玉琦，毕景刚，钱松岭，边家胜，乔沛昕.基础教育信息化发展的问题审视与战略调整[J].开放教育研究，2021，27（04）.

[35]陶明.现代远程教育视野中的教育公平[J].思想战线，2009，35（S1）.

[36]宋有，刘仁坤.现代远程教育的资源共享与教育公平[J].现代远程教育研究，2007（05）.

[37]彭红光，林君芬.以信息化促进义务教育均衡发展的机制和策略[J].中国电化教育，2010（10）.

[38]何克抗，余胜泉，吴娟，马宁，赵兴龙，袁磊，齐媛.运用信息化教学创新理论大幅提升农村中小学教学质量促进教育均衡发展研究[J].电化教育研究，2009（02）.

[39]章飞.开发电子教材，促进教育公平，引领学习革命[J].江苏教育学院学报（自然科学），2013，29（01）.

[40]赵建华，徐旭辉，彭红光，林君芬，彭雪庄.以信息化促进城乡学校协同发展的案例研究[J].电化教育研究，2010（11）.

[41]黄红敏，黄国洪.欠发达地区跨越“数字鸿沟”促义务教育均衡发展的探索——以肇庆市的“联动模式”为例[J].中国电化教育，2010（10）.

[42]杨文超，张静.科学发展观视角下的基础教育公平问题研究[J].教育探索，2009（10）.

[43]胡小勇，许婷，曹宇星，徐欢云.信息化促进新时代基础教育公平理论研究：内涵、路径与策略[J].电化教育研究，2020，41（09）.

[44]李姗泽，范亮.信息化助推义务教育均衡发展的机制探讨[J].电化教育研究，2012，33（10）.

[45]朱超华，彭红光，林君芬.增强服务效能 促进科学发展——广东省加快教育信息化进程的政策与实践[J].电化教育研究，2011（01）.

[46]王运武.教育信息化发展亟需转型[J].中国电化教育，2009（02）.

[47]刘荣，吴必昌.促进城乡教育信息化均衡发展的“扬州模式”[J].中国电化教育，2008（01）.

[48]陈琳.苏北地区基础教育信息化跨越式发展战略研究[J].中国电化

教育，2008（12）.

[49]杨洋.关于少数民族地区教育信息化发展的新思考[J].大众投资指南，2018（20）.

[50]熊才平，丁继红，葛军，胡萍.信息技术促进教育公平整体推进策略的转移逻辑[J].教育研究，2016，37（11）.

[51]金久仁.信息技术促进教育公平的耦合可能与限度约束[J].现代远程教育研究，2022，34（04）.

[52]王永军，陈露露，任怡静.网络教育促进有质量的基础教育公平：内涵、形式及路径[J].中国教育信息化，2021（23）.

[53]顾明远.个性化教育与人才培养模式创新[J].考试（双语读写），2014（12）：18–19.

[54]何克抗.大数据面面观[J].电化教育研究，2014，35（10）.

[55]何克抗.教育信息化是实现义务教育优质、均衡发展的必由之路[J].现代远程教育研究，2011（04）.

[56]王方全.借力名校集团化，实现优质教育资源全覆盖[J].教书育人，2016（14）.

[57]万力勇，舒艾.以信息化促进民族地区义务教育均衡发展：机制与策略[J].中南民族大学学报（人文社会科学版），2017，37（03）.

[58]陈秋怡.教育信息化背景下义务教育优质均衡发展问题研究[J].教育参考，2017（02）.

[59]钱晓如，付月媚，王宇娇.优质教育资源的共享途径研究[J].教育教学论坛，2019（10）.

[60]苏珂.我国优质教育资源共享面临的问题及对策[J].教学与管理，2018（30）.

[61]高铁刚.信息技术提升义务教育均衡发展水平的现状、问题与对策[J].中国电化教育，2015（02）.

[62]宋乃庆，杨欣，李玲.以教育信息化保障城乡教育一体化[J].电化教育研究，2013，34（02）.

[63]孔养涛.农村薄弱学校成因分析及建设路径[J].教学与管理，2019（06）.

[64]郝祥军，顾小清.技术促进课程创新：如何走向教育公平[J].中国电化教育，2022（06）.

[65]谢家玲."数字鸿沟"视域下的城乡教育公平研究[J].求知导刊，2021（39）.

[66]肖正德.文化视野中的农村教师专业发展[J].教育理论与实践，2006（21）.

[67]陈向明，王志明.义务教育阶段教师培训调查：现状、问题与建议[J].开放教育研究，2013，19（04）.

[68]冯瑶，徐鹤翔，姚坤，刘昊天，李国勇.有关新时代乡村教师队伍建设的研究[J].教育教学论坛，2022（13）.

[69]吴双，赵裕如，朱雨.民族地区学前双语教师教育发展的问题及其对策[J].现代教育科学，2016（11）.

[70]郭国燕.文化适应视角下少数民族教师专业发展经验与问题——基于新疆南疆某市中学的田野工作[J].当代教师教育，2017，10（04）.

[71]张巧文.基于"互联网+"的"双师教学"模式在乡村教师培训中的运用[J].中小学教师培训，2017（05）.

[72]乜勇，高红英，王鑫."双师教学"共同体模式构建：要素与结构关系分析研究[J].电化教育研究，2020，41（12）.

[73]梁宇.双师教学:“互联网+教育”下的乡村教师培训新模式[J].中国成人教育,2017,No.430(21).

[74]樊改霞,陈祖鹏.多维视角下我国农村薄弱学校建设路径研究[J].教育探索,2016(03).

[75]郑素侠,宋杨.空间视野下我国信息贫困的分布特征与政策启示[J].现代传播(中国传媒大学学报),2019,41(07).

[76]任旭东.全日制远程直播教学的实施与效益[J].地理教育,2015,No.249(03).

[77]雷励华,左明章.面向农村教学点的同步互动混合课堂教学模式研究[J].电化教育研究,2015(11).

[78]周方苗,何向阳.以双师课堂实现优质教师资源共享的实践研究[J].中国教育信息化,2020(05).

[79]陈荟,吴炎.民族地区义务教育学校标准化建设问题研究——基于四川甘孜藏族自治州的考察[J].民族教育研究,2016,27(05).

[80]钟志勇,何文滢,陈烨.双师课堂助推民族地区教师专业发展:优势与问题——基于云南迪庆D中学的个案研究[J].民族教育研究,2022,33(04).

[81]师亚飞,童名文,王建虎,孙佳,戴红斌,魏艳涛.混合同步学习:演进、价值与未来议题[J].电化教育研究,2021,42(12).

[82]李燕芳.远程直播课堂互动教学模式设计[J].福建广播电视大学学报,2007,No.61(01).

[83]李小娟,刘清堂,吴林静,苗恩慧,张喜俊.混合同步课堂中师生多模态互动行为的动态协同分析[J].电化教育研究,2022,43(08).

[84]姜晓曼.“双师教学”互动模式建构与实践探索[J].中国教育信息

化，2021，No.503（20）.

[85]张成友.同步课堂教学互动策略探究[J].中国信息技术教育，2022，No.386（11）.

[86]梁会师.“同步课堂”教学互动存在的问题与解决策略[J].内蒙古教育，2021，No.848（33）.

[87]杨俊锋，崔丽霞，吴滕，潘慧，洪河条.混合同步网络课堂有效性的实证研究[J].电化教育研究，2018，39（12）.

[88]李然，宋征莉，金明花.“双师课堂”助力乡村小学英语教学——基于贵州、四川、新疆25所乡村小学的实证分析[J].陕西学前师范学院学报，2021，37（07）.

[89]陈超凡，关成华，汤学黎.信息技术辅助教学能提升落后地区学生的学业表现吗？——来自华北某县智慧课堂和双师教学项目的证据[J].教育与经济，2022，38（04）.

[90]周海军，杨晓宏，俞树煜.均衡发展背景下的“双师教学”：困境与突围[J].中国远程教育，2022，No.571（08）.

[91]张靖，郑新.教学关系视域下的双师课堂：特征、问题与优化策略[J].电化教育研究，2022，43（10）.

[92]胡艳明.新疆农村少数民族双语教师专业发展的影响因素探析[J].新疆教育学院学报，2015，31（04）.

[93]付光槐，严鹏.乡村振兴背景下乡村教师本土化发展的价值、优势与路径[J].教育理论与实践，2021，41（31）.

[94]辛宪军.乡村教师专业自主发展路径探析[J].教育评论，2018(01).

[95]段志贵，陈馨悦.优秀乡村教师专业成长的个体特征与影响因素[J].淮阴师范学院学报（自然科学版），2022，21（02）.

[96]钟磊.用信息化撑起民族地区音乐教师发展新天地[J].中国民族教育，2021，(10).

[97]李桃.语言扶贫中语言资源的价值研究[J].辽宁师范大学学报(社会科学版)，2022，45(01).

[98]胡悦，李葆萍，张婧，陈玲."双师课堂"助力教师专业发展的模式和建设路径分析[J].中小学信息技术教育，2022，No.251(11).

[99]郑新蓉，王学男.少数民族理科学习困境的因素分析[J].教育学报，2015，11(01).

[100]贾旭杰，孙晓天，何伟.关于民族地区数学课程难度问题的研究与思考[J].数学教育学报，2013(4).

[101]陈婷，谢升梅.我国民族地区教师队伍建设政策演进：回眸与展望[J].民族学刊，2021，12(07).

[102]李华.信息化助力乡村教育发展的现实问题与对策[J].教育科学研究，2022(06).

[103]李涛，孙艺璇.专业化发展背景下高职院校"双师型"教师队伍建设的困境与出路[J].职业技术教育，2020，41(31).

[104]郭炯，杨丽勤.协同与交互视角下的同步课堂：本质、困境及破解路径[J].中国电化教育，2020，No.404(09).

[105]韩舒阳.基于案例探究双师课堂在小学数学教学中的应用[J].新课程导学，2022，No.542(02).

[106]韩小凡.技术赋能乡村教育振兴的内涵、价值意蕴及实践路径[J].现代教育管理，2023，No.394(01).

[107]邵光华，魏侨，冷莹.同步课堂：实践意义、现存问题及解决对策[J].课程.教材.教法，2020，40(10).

[108]郑旭东，饶景阳，贾洋洋.“三个课堂”促进义务教育优质均衡发展：演进历史、战略价值、关系解析与概念框架[J].现代教育技术，2021，31（06）.

[109]吴全华.教师反思时认知冲突的生成途径[J].教师教育研究，2006（04）.

[110]王天晓，李敏.教师共同体的特点及意义探析[J].教育理论与实践，2014，34（08）.

[111]赵健，郭绍青.网络环境下教师学习共同体运行效果的调查分析[J].中国电化教育，2013，（09）.

[112]朱旭东.论教师专业发展的理论模型建构[J].教育研究，2014，35（06）.

[113]郝林晓，折延东.教师专业能力结构及其成长模式探析[J].教育理论与实践，2004（14）.

[114]刘学惠.外语教师教育研究综述[J].外语教学与研究，2005（03）.

[115]张家华，胡惠芝，杨刚，杨俊锋，李浩君.智能技术赋能教育：教育高质量发展的新动能——第二十届教育技术国际论坛综述[J].现代教育技术，2022，32（03）.

[116]申灵灵，何丽萍.人工智能时代技术与教育共生的困局与出路[J].高教探索，2021（09）.

三、硕博论文

[1]卢文君.浙江省农村普通高级中学青年教师队伍激励研究[D].西北大学，2021.

[2]刘杨洁雅. 2015—2020年《人民日报》乡村教师媒介形象建构研究[D]. 西南大学，2021.

[3]石烨. 民族地区农村中小学数学教师专业成长现状及支持体系研究[D]. 西北师范大学，2020.

[4]付倩. 广西边境民族地区中小学教师职后培训问题研究[D]. 广西民族大学，2020.

[5]赵薇. 城乡二元文化对农村特岗教师专业发展影响的个案研究[D]. 浙江师范大学，2014.

[6]滕静. 新课改背景下协同教学问题的研究[D]. 扬州大学，2006年。

[7]李曦. 综合课程协同教学模式研究[D]. 西南大学，2012.

[8]李梦. 同步互动课堂教学模式建构及实践研究[D]. 华中师范大学，2015.

[9]王泽美. 农村优秀教师专业发展影响因素的质性研究[D]. 沈阳师范大学，2018.

[10]矫立中华. 农村教师专业发展动力问题研究[D]. 哈尔滨师范大学，2016.

[11]曾翠. 农村小学教师专业发展内在动力缺失研究[D]. 西南大学，2014.

[12]陈怡静. 农村小学特岗教师专业发展现状及其影响因素的调查研究[D]. 重庆师范大学，2014.

[13]徐畅. 河北省威县双师课堂教学效果实证研究[D]. 河北大学，2021.

[14]经柏龙. 教师专业素质的形成与发展研究[D]. 东北师范大学，2008.

四、外文文献

[1]GREEN D. What is quality in higher education? concepts, policy and practice[M]. Burkingham: SRHE & Open University Press, 1994.

[2]EMEST.K.F. Effectiveness of an interdisciplinary team teaching organization on student achievement and student attitudes toward school in selected middle schools, Doctor dissertation at the University of Idaho, 1991, pp.40.

[3]ROBINSON.B.and SCHAIBLE.R.M."Collaborative teaching: reaping the benefits" College Teaching, vol.23, no.12, (March 1995), pp.15.

[4]ALI IBRAHIM MOHAMMAD MIGDADI, ABDALLAH BANIABDELRAHMAN. The Effect of using Team Teaching on Jordanian EFL Eleven Grade Students'Reading Comprehension and Their Attitudes Towards This Strategy[J]. Journal of Education and e-Learning Research, 2016, 3(2): 38-50.

[5]RICE, D.and ZIGMOND, N., "Co-teaching in secondary schools: Teacher reports and American classrooms, "Learning Disabilities Reacher and Practice, vol.23, no.5 (November 1999), pp.190-198.

[6]COHEN, M.B.and DELOIS, K., "Training in tandem: Co-facilitation and role modeling in group course work, "Social Work with Groups, vol.33, no.25 (September 2001), pp.12.

[7]HOLMBERG, B. Theory and practice of distance education. London: Routledge.

[8]MOORE, M. G. Three types of interaction. The American Journal of

Distance Education, 3（2）.

[9]FRISEN, N., & KUSKIS, A. Modes of interaction. In M. G. Moore（Ed.）, Handbook of distance education（pp. 351–371）. New York: Routledge.

[10]RAGUSA, A. T. Technologically-mediated communication: Student expectations and experiences in a FOMO society.International Journal of Educational Technology in Higher Education, 14, Art. 39.

[11]BAKER, C. The impact of instructor immediacy and presence for online student affective learning, cognition, and motivation. Journal of Educators Online. https: //doi.org/10.9743/jeo.2010.1.2.

[12]MOALLEM, M. The impact of synchronous and asynchronous communication tools on learner selfregulation, social presence, immediacy, intimacy and satisfaction in collaborative online learning. The Online Journal of Distance Education and e-Learning, 3（3）.

[13]PINTRICH, P. R. A motivational science perspective on the role of student motivation in learning and teaching contexts. Journal of Educational Psychology, 95（4）.

[14]BOROKHOVSKI, E., TAMIM, R., BERNARD, R. M., ABRAMI, P. C., & SOKOLOVSKAYA, A. Are contextual and designed student–student interaction treatments equally effective in distance education? Distance Education, 33（3）.

[15]MAKRI, A., & VLACHOPOULOS, D. Study protocol for a scoping review of collaborative learning in online environments. Paper presented at the 12th annual International Technology, Education and Development Conference

（INTED），held in Valencia 5–7 March 2018.

[16]BELCHER, A., Hall, B. M., Kelley, K., & Pressey, K. L.(2015). An analysis of faculty promotion of critical thinking and peer interaction within threaded discussions. Online Learning Journal.

[17]PERRY N E, WALTON C, CALDER K. Teachers Developing Assessments of Early Literacy: A Community of Practice Project[J].Australia: Teacher Education and Special Education, 1999, 22(4).

[18]HORD S M. Professional Learning communities of continuous inquiry and improvement[J].Southwest Educational Development Laboratory, 1997.

[19]GUNAWARDENA C N, LOWE C A, ANDERSON T. Analysis of A Global Online Debate and The Development of an Interaction Analysis Model for Examining Social Construction of Knowledge in Computer Conferencing[J]. Journal of Educational Computing Research. 1997.（4）.

[20]MASLOW A H.A theory of human motivation.[J].Psychological Review.1943(4).

[21]RANDALL COLLINS. Interaction Ritual Chains[M].Princeton University Press, 2014.

五、报刊网站类

[1]新华网 http://www.news.cn/politics/cpc20/2022-10/25/c_1129079429.htm

[2]新华社 http://www.xinhuanet.com/mrdx/2021-07/02/c_1310039172.htm

[3]光明网 https：//m.gmw.cn/baijia/2021-08/11/35070579.html

[4]中华人民共和国教育部 http：//www.moe.gov.cn/jyb_xxgk/moe_1777/moe_1778/201907/t20190708_389416.html

[5]光明网 https：//m.gmw.cn/baijia/2021-07/15/34997423.html

[6]中华人民共和国教育部 http：//www.moe.gov.cn/srcsite/A06/s3732/202201/t20220107_593059.html

[7]人民网 http：//edu.people.com.cn/n1/2018/0911/c1053-30286253.html

[8]中华人民共和国教育部 http：//www.moe.gov.cn/jyb_xwfb/s6052/moe_838/201008/t20100802_93704.html

[9]中华人民共和国教育部 http：//www.moe.gov.cn/jyb_xwfb/s271/201204/t20120424_134517.html

[10]中华人民共和国教育部 http：//www.moe.gov.cn/srcsite/A16/s3342/201804/t20180425_334188.html

[11]中国政府网 http：//www.moe.gov.cn/srcsite/A16/s3342/201203/t20120313_133322.html

[12]中国政府网 http：//www.moe.gov.cn/srcsite/A16/s3342/201411/t20141124_179124.html

[13]中国政府网 http：//www.moe.gov.cn/srcsite/A16/s3342/201804/t20180425_334188.html

[14]中国政府网 http：//www.gov.cn/zhengce/zhengceku/2018-12/31/content_5443362.htm

[15]中国教育在线.高思爱学习发布《双师课堂行业简报》—双师双赢，未来可期[EB/OL].（2018-11-09）https：//gaokao.eol.cn/bei_jing/dongtai/201811/t20181109_1632331.shtml.

[16]新东方网https：//www.xdf.cn/anyang/

[17]中国政府网http：//www.gov.cn/zhengce/zhengceku/2018-12/31/content_5443362.htm

[18]中国政府网http：//www.gov.cn/zhengce/zhengceku/2020-03/16/content_5491791.htm

[19]中华人民共和国教育部：《教育部关于加强“三个课堂”应用的指导意见》，http：//www.moe.gov.cn/srcsite/A16/s3342/202003/t20200316_431659.html

附录一：双师课堂实施情况调查问卷（教师版）

尊敬的老师：

您好！非常感谢您参与本次问卷调查，本次问卷调查的主要目的是了解双师课堂实施情况。调查结果将有助于我们关于双师课堂的深入分析与研究。本问卷采取匿名的形式发放与回收，绝对保密，请老师们根据实际情况填写即可。感谢您的合作与支持！

A.基本情况

1.您的性别：________

2.您任教的年级：________

3.您的教龄（　）①3年以下　②3—5年　③5—10年　④10年以上

4.您目前的职称（　）

①中学二级　②中学一级　③副高　④高级及以上　⑤其他________

5.您的学历（　）①大专以下　②大专　③本科　④研究生

6.您任教的科目（　）

①语文　②数学　③英语　④物理　⑤化学

⑥生物　⑦政治　⑧历史　⑨地理

7.您选择成为双师课堂班教师的主要原因是（　）

①学校要求　②自己申请　③ 其他

8.您参加双师课堂教学的时间（　）

①1年　②2年　③3年　④4年　⑤5年　⑥5年以上

9.初次接触双师课堂时，您对其持什么态度（　）

①非常抵触　②比较抵触　③比较支持　④非常支持

12.如果让您重新选择，您还会选择当双师课堂班的教师（　）

①是　②否　③不确定

14.您认为双师课堂在民族地区学校推广的困难有哪些？（　）【可多选】

①没有网络和设备　②跟成都七中老师的沟通问题

③学校老师抵触心理　④其他________

15.如果远端教师参与积极性不高，您觉得最大的原因是什么？（　）【可多选】

①该模式理论不完善　②教师不认可该模式　③教师权威受到挑战

④该模式推广不成功　⑤其他________

16.参与双师课堂以来您的主要收获和困难分别是什么？有什么建议？

____

____

____

B.程度选择项目

请您对以下每一陈述选择符合或不符合的程度。

题项	非常符合	比较符合	符合	不符合	很不符合
1.在双师课堂教学中，前端老师争取能照顾到不同学习层次的学生。					
2.在双师课堂视频中，前端老师和前端学生之间的教学关系很和谐。					
3.在双师课堂视频中，前端学生和前端老师能及时互动交流。					
4.在双师课堂教学前，前端老师与远端老师会及时互动备课。					
5.在双师课堂教学中，前端老师会及时提醒远端学生对重难点的把握。					
6.远端老师会在课后及时跟前端老师反馈远端学生存在的问题。					
7.前端老师每次双师课堂都会根据远端学生存在的问题及时调整授课内容和方式。					
8.前端老师授课时能够很好地把握知识的广度和深度。					
9.在双师课堂教学的课堂中，前端教学进度和远端教学进度完全一致。					
10.我校双师课堂班与非双师课堂班的教学进度保持一致。					
11.学校会定期组织非双师课堂班的老师到同级同科目的双师课堂中听讲。					
12.非双师课堂班的教学老师会自发地去同级同科目的双师课堂中听讲。					

续表

题项	非常符合	比较符合	符合	不符合	很不符合
13.学校在不断开展双师课堂教学模式与传统教学模式的对比研究。					
14.在双师课堂教学的课堂中，双师课堂教师每节课的重难点都很清晰。					
15.在双师课堂教学的课堂中，您的学生上课注意力很集中，都能紧跟前端老师思路。					
16.在双师课堂教学前，您能及时跟学生沟通预习的内容。					
17.在双师课堂中，您能及时对个别学生进行辅导。					
18.在双师课堂中，您能及时把握课堂纪律。					
19.在双师课堂教学课堂中，双师课堂老师的课程容量很适合你校的学生。					
20.在双师课堂教学的课堂中，您在线下辅导的过程中体验很好。					
21.在双师课堂教学的课堂中，您的学生的学习体验很好。					
22.在双师课堂教学的课堂中，您比之前更加注重与远端学生的互动。					
23.在双师课堂教学的课堂中，很难掌控和管理线下课堂最困扰您。					
24.在双师课堂教学的课堂中，跟成都七中老师的沟通与互动方面最困扰您。					
25.在双师课堂教学的课堂中，课前后给学生答疑互动方面最困扰您。					

续表

题项	非常符合	比较符合	符合	不符合	很不符合
26.在双师课堂教学的课堂中，教学的自主性方面最困扰您。					
27.在双师课堂教学的课堂中，您经常感觉自己的教学地位低下。					
28.双师课堂教学模式很适合向民族地区中学推广。					
29.双师课堂资源平台的可操作性很强。					
30.双师课堂资源平台的稳定性很好。					
31.双师课堂资源平台的网络很流畅。					

请您对以下每一陈述选择符合或不符合的程度。

题目	非常符合	比较符合	符合	不符合	很不符合
1.前端教师对我的学生观（关爱学生、尊重信任学生）产生了积极的影响。	1	2	3	4	5
2.前端教师对我的个人修养和行为（注重内外兼修）产生了积极的影响。	1	2	3	4	5
3.前端教师对我的教学观（注重因材施教、引导学生自主学习与探究）产生了积极的影响。	1	2	3	4	5
4.前端教师对我的职业观（爱岗敬业、团结协作）产生了积极的影响。	1	2	3	4	5
5.前端教师对我的普通文化知识（人文科学知识等）拓展很有帮助。	1	2	3	4	5
6.前端教师让我对学科知识（自己所教科目的知识）有了新的认识。	1	2	3	4	5

续表

题目	非常符合	比较符合	符合	不符合	很不符合
7.前端教师让我对教育知识（学生身心发展、班级建设管理等知识）有了广泛了解。	1	2	3	4	5
8.前端教师让我注重实践性知识（教学经验）的积累。	1	2	3	4	5
9.前端教师让我对最新科学技术和社会科学信息有所了解。	1	2	3	4	5
10.前端教师拓宽了我的跨学科知识面。	1	2	3	4	5
11.双师课堂的教辅资料对我的学科知识补充很有帮助。	1	2	3	4	5
12.前端教师促使我重视教学设计与实施能力的培养。	1	2	3	4	5
13.前端教师促使我重视班级管理与教育活动能力的培养。	1	2	3	4	5
14.前端教师促使我重视沟通与合作能力的培养。	1	2	3	4	5
15.前端教师促使我重视反思与实践能力的培养。	1	2	3	4	5
16.双师课堂引进后信息设备更新促进我的信息技术应用能力的提升。	1	2	3	4	5
17.我认为我的教育理念相比前端教师更适合学生。	1	2	3	4	5
18.我认为我课上的知识点补充对学生们很有帮助。	1	2	3	4	5
19.在双师教学课堂我能够很好地管理课堂使学生受益。	1	2	3	4	5
20.我认为在学生课后作业辅导中我起着重要的作用。	1	2	3	4	5

续表

题目	非常符合	比较符合	符合	不符合	很不符合
21.我认为学生的成绩提升主要是因为我付出了很多努力。	1	2	3	4	5
22.双师课堂上我在教学方面感觉很被动。	1	2	3	4	5
23.在学生作业辅导方面我常常感到力不从心。	1	2	3	4	5
24.在学生心理辅导方面我常常感到力不从心。	1	2	3	4	5
25.双师课堂上我难以调动起学生的积极性。	1	2	3	4	5
26.双师课堂教学课堂上因无法发挥教学作用，我的教学热情渐渐减退。	1	2	3	4	5
27.有时候会因自己是双师课堂班的教师而感到幸运。	1	2	3	4	5
28.学校给予双师课堂的教师一定的福利。	1	2	3	4	5
29.学校会适当地减轻双师课堂教师的工作量。	1	2	3	4	5
30.学校会及时了解远程双师课堂班教师的需求。	1	2	3	4	5
31.学校会为双师课堂的教师开展一些关于双师课堂的业务培训。	1	2	3	4	5
32.双师课堂教备课常常会花费我大量时间。	1	2	3	4	5
33.学生作业辅导常常会占据我大量时间。	1	2	3	4	5
34.学生心理疏导常常会占据我大量的时间。	1	2	3	4	5

续表

题目	非常符合	比较符合	符合	不符合	很不符合
35. 双师课堂的工作量常常令我感到疲劳。	1	2	3	4	5
36. 双师课堂的学生成绩在我的努力下提高了很多。	1	2	3	4	5
37. 我认为双师课堂对教师专业发展很有帮助。	1	2	3	4	5
38. 在双师课堂教学中我会有意识地通过双师课堂的资源加强自身的学习。	1	2	3	4	5
39. 我会每天针对双师课堂过程中出现的问题进行反思。	1	2	3	4	5
40. 在双师课堂中，远端教师的教学自主性受到了很大的挑战 。					
41. 双师课堂非常不利于远端教师的心理发展。					
42. 学校应该采取有效措施疏导双师课堂远端老师。					

附录二：双师课堂实施情况调查问卷（学生版）

亲爱的同学：

你好！非常感谢你参与本次问卷调查。本次问卷调查的主要目的是了解双师课堂实施情况，调查结果将有助于我们关于双师课堂的深入分析与研究。本问卷采取匿名的形式发放与回收，绝对保密，请根据实际情况填写即可。感谢你的合作与支持！

A.基本情况

1.你的性别：

2.你所在的年级：

3.你参加双师课堂的时间长度（　）

①1年　②2年　③3年　④其他________

4.你在双师课堂上注意力能持续多久？(　)

①5—15分钟　②15—25分钟　③25—35分钟　④35—45分钟

5.你在远程双师课堂课中成绩显著提高的科目有（　）【可多选】

①语文　②数学　③英语　④政治　⑤历史

⑥地理　⑦物理　⑧化学　⑨生物　⑩其他________

6. 在远程双师课堂学习过程中，你最大的困难是什么？

7. 从双师课堂中，你收获最大的是什么？

8. 简要谈几点你对双师课堂教学模式的建议。

B. 程度选择项目

请您对以下每一陈述选择符合或不符合的程度。

题项	非常符合	比较符合	符合	不符合	很不符合
1. 双师课堂中，前端老师能照顾到前端不同学习层次的学生。					
2. 双师课堂中，前端老师和前端学生关系很和谐。					
3. 双师课堂中，前端学生和前端老师能及时互动交流。					
4. 双师课堂中，前端老师会主动提醒学生对重难点的把握。					
5. 前端老师会根据远端学生存在的问题及时调整授课内容和方式。					
6. 双师课堂上的教学内容对于我来说太难了。					
7. 双师课堂教学中，我们班课堂纪律很好。					

续表

题项	非常符合	比较符合	符合	不符合	很不符合
8.双师课堂中，我注意力很集中，能紧跟双师课堂老师思路。					
9.双师课堂结束时，远端老师总是能对本节课做小结。					
10.双师课堂结束时，远端老师能及时安排我们对下次课的内容进行预习。					
11.双师课堂开始前，远端老师提前进教室检查我们的预习情况。					
12.双师课堂进行中，远端老师能及时提醒我们注意听讲。					
13.在前端老师讲课间隙中，远端老师能很好地与我们互动。					
14.在双师课堂教学中，远端老师的辅导时间安排很合理。					
15.双师课堂后，远端老师能及时督促我们完成作业。					
16.我认为在每节双师课堂中，学生都应全程只听前端老师的讲解。					
17.相比传统教学模式，我更喜欢双师课堂。					
18.我能很快适应双师课堂的教学节奏。					
19.我能够全程积极参与到双师课堂教学中。					
20.双师课堂教学更能够唤醒我的学习兴趣。					
21.双师课堂教学更能够增强我的学习信心。					

续表

题项	非常符合	比较符合	符合	不符合	很不符合
22.双师课堂教学更能坚定我的学习目标。					
23.我完全能听懂前端老师的授课内容。					
24.在双师课堂学中，我很想将自己的想法及时分享给前端的师生。					
25.在双师课堂中，有时视频画面不太清晰。					
26.在双师课堂上，我能提出更多的问题。					
27.在双师课堂上，我能从视频教学中获得更多帮助。					
28.在双师课堂上，我能耐心听完前端师生的互动。					
29.双师课堂的教学氛围能让我大胆说出自己的看法。					
30.在双师课堂上，我比以前更能清晰地表达自己的观点。					
31.在双师课堂上，我能够学到更多的学习策略。					
32.在双师课堂上我很投入，没有时间去想或做与学习无关的事情。					
33.我觉得双师课堂教学平台的学习体验很好。					
34.我们拥有和前端学生完全一样的学习资料。					
35.前端学生的学习状态对我有激励作用。					

续表

题项	非常符合	比较符合	符合	不符合	很不符合
36.我有信心和前端学生学得一样好。					
37.如果有机会，我愿意与前端学生交流。					
38.远端老师能够较好地为我答疑和辅导。					
39.我更希望远端老师能够安静地坐在角落里和我们一起听讲。					
40.远端老师能够较好地维持课堂秩序。					
41.双师课堂教学过程中，我希望远端老师能及时进行补充和解释。					
42.远端老师的活动有时会干扰到我的学习。					
43.远端老师对我的学习帮助不大。					
44.我能够独立完成对每次双师课堂教学课的充分预习和准备。					
45.双师课堂每节课的内容我都能消化吸收。					
46.我能够很好地把握双师课堂老师所讲的重点内容。					
47.当我对双师课堂课程内容有困惑时，很愿意跟远端老师去交流。					
48.加入到双师课堂教学的课堂中，我的成绩得到了很大的提升。					
49.双师课堂教学更有利于培养我的思辨能力。					
50.双师课堂教学更有利于增强我分析和解决问题的能力。					

续表

题项	非常符合	比较符合	符合	不符合	很不符合
51.双师课堂教学更有利于增强我的交流与协助能力。					
52.参与双师课堂后，我的自主学习能力得到了显著提高。					

附录三：双师课堂实施情况访谈提纲（学校管理者版）

1. 双师课堂项目引进的相关问题

（1）学校对双师课堂项目的态度怎么样？

（2）学校引进双师课堂项目的具体时间是什么时候？

（3）学校与成都七中及网校的合作模式是什么？

（4）双师课堂是如何开展的？

（5）双师课堂基本情况，包括教学、网络和设备等情况是怎样的？

（6）学校是否有专门的关于双师课堂教学的研究团队？

（7）学校双师课堂班师资配置的具体情况，包括配置标准、教学培训、考核机制、心理疏导、存在问题、解决方案等是怎样的？

（8）关于双师课堂班班级组建的情况，请您从组建标准、存在问题、解决方案等方面介绍一下。

2. 双师课堂项目的效果

（1）学校老师对双师课堂教学有什么看法？

（2）双师课堂具体效果如何?

（3）目前双师课堂存在哪些问题?

（4）学校未来对双师课堂教学有什么具体的规划?

附录四：双师课堂实施情况访谈提纲（教师版）

1.您的授课科目、授课年级、教龄、参与双师课堂的时间。

2.请您从教学、辅导、自学、练习、测试与评价等方面谈谈双师课堂教学。

3.双师课堂互动情况（课前、课中、课后）：远端老师与前端老师是如何互动的？远端学生与前端学生有没有互动？远端老师与远端学生的互动交流怎么样？

4.您对双师课堂教学的认可程度如何？

5.您对远端教师的角色定位、教师和教学心理、工作量、自身变化、存在问题等有什么看法？

6.请您对双师课堂中学生学习态度、学习心理、身心发展、成绩情况、存在问题与解决办法等方面谈谈您的看法。

7.您对未来双师课堂教学的具体规划是什么？有哪些需要的支持？

8.担任双师课堂班的教师后您的角色较之前发生了怎样的变化？

9.举例说明前端教师对您专业理念（对学生的态度与行为、自我提升、教育教学态度、职业观等）的影响。

10.举例说明前端教师对您的专业知识（学科知识、学生身心发展和课堂管理、实践性知识以及人文科学知识等）的影响。

11.举例说明前端教师对您专业能力（教学设计与实施、沟通与合作、反思与发展等能力）的影响。

12.双师在微信群交流对您的专业发展影响如何？

13.双师课堂中您遇到的最大收获和最大困难各是什么？

14.您对双师课堂在促进教师专业发展方面有什么建议和意见？

15.您了解远程协同相结合的“双师教学”教师培训项目吗？对此有什么意见和建议？

附录五：双师课堂实施情况访谈提纲（学生版）

1. 简单地自我介绍：姓名、年级、参与双师课堂的时间等。

2. 你对双师课堂有什么看法，现在能够适应该双师课堂教学吗？

3. 双师课堂教学对你有哪些提升？

4. 你在课下如何应对作业量与预习任务的时间冲突问题？

5. 你更喜欢双师课堂教学还是线下教学呢？

6. 简要说说前端教师对你的影响。

7. 双师课堂上远端教师一般会做些什么（知识补充？学习状态督促？互动组织？）？课堂氛围如何？

8. 双师课堂课后，远端教师是如何进行作业辅导和心理辅导的？效果如何？

9. 说说双师课堂课以来远端教师们的变化（教学知识、教学能力、教学理念、教学态度）。

10. 你对前端教师和远端教师分别有什么建议？

后 记

本书从基础教育高质量发展和教育信息化建设的角度，主要探讨了三个问题，一是基于文献分析了民族地区基础教育高质量发展和教育信息化建设面临的机遇与挑战；二是基于个案调查，剖析了民族地区中学双师课堂开展的经验和存在的问题；三是基于理论与现实，探讨了如何通过双师课堂有效促进民族地区中学教育高质量发展。

研究结果表明，双师课堂通过直接借助具有超强教学能力与教学资源的优质师资及团队进行直播教学，可以提高西部民族地区基础教育课堂教学质量；同时，双师课堂对于远端教师而言，因其能够提供优质稳定的课程资源、教学相关培训，特别是前端教师长期陪伴等优势，可以有效促进西部民族地区教师专业发展，提升教师专业素质，进而从根源上促进民族地区教育高质量发展。然而，民族地区双师课堂在实际开展过程中，还存在一系列问题，如前端和远端学情差异性过大、师生互动效果不佳、教学平台有待升级等，需要关注并予以解决。研究提出，民族地区双师课堂的开展应以远端学校教育质量的提升为根本出发点，以远端学校的实际状况为依据，找准合作的契合点，对症下药，切实提高双师课堂效应。

希望本研究成果能够在一定程度上丰富我国民族地区双师课堂相关研

究，并能够为推广双师课堂在民族地区的有效开展、推动民族地区基础教育优质均衡、高质量发展提供参考。

本书是在教育部全国民族教育科研课题《信息化时代民族地区双师教学模式典型案例研究》结项成果的基础上，根据出版需要进行了适当修改。在课题研究和本书写作过程中，参阅了相关领域研究者的研究成果，在此表示深深的谢意。同时，在课题研究中，李亚龙、朱小燕、钟伊娜、徐用祺、何文滢、李家莹等研究生在课题资料的收集以及部分初期成果的撰写等方面做了一些前期工作，在研究成果即将出版之际，对他们的辛勤劳动表示衷心感谢。另外，由于水平有限，书中难免有疏漏之处，敬请读者批评指正。

钟志勇

2023年2月25日